W0238475

„WIR BRAUCHEN NICHT EINE HANDVOLL MENSCHEN, DIE ZERO WASTE PERFEKT UMSETZEN. WIR BRAUCHEN MILLIONEN, DIE ES UNPERFEKT MACHEN."

ANNE-MARIE BONNEAU

Anna Brachetti

EINFACH NACHHALTIG *Weihnachten*

UMWELTBEWUSST DURCH DIE WEIHNACHTSZEIT

EMF

EIN BUCH DER
EDITION MICHAEL FISCHER

INHALT

Warm
WINTER
wishes

VORWORT

Zuckerguss anrühren und heimlich Plätzchenteig naschen, bei Kerzenschein in der Küche sitzen und der Weihnachtsgeschichte lauschen, während himmlischer Plätzchenduft aus dem Ofen dringt. Lange Spaziergänge durch den Tannenwald und hinterher die eiskalten Hände an die heiße Teetasse halten, bis sie zu prickeln beginnen. Den pieksigen Adventskranz binden, das Haus weihnachtlich dekorieren und fieberhaft auf den Tag warten, an dem auch die vierte Kerze brennen darf. Und dann die große Spannung am Weihnachtstag, nach dem Glöckchen lauschen, das bimmelt, wenn das Wohnzimmer endlich wieder betreten werden darf und dort, von Lichtern umgeben, die Geschenke liegen. Das sind die Erinnerungen ans Weihnachtsfest, die ich mir aus meiner Kindheit bewahrt habe.

Und dann wurde ich selbst Mutter und versuchte, den Zauber für meine Kinder wieder aufleben zu lassen. Dabei musste ich feststellen, dass mir zwischen Organisation und Einkäufen, zwischen missglückten Bastelversuchen und verwüsteten Küchen, zwischen dem Druck, alles zu etwas Besonderem machen zu müssen, und gehetzten Gerenne, weil irgendwas immer noch fehlte, so manches Mal die weihnachtliche Stimmung verlorenging. Bis ich mich wieder darauf besann, was Weihnachten eigentlich für mich ausmachte. Und ich mich fragte: Was brauchen wir denn wirklich für ein schönes, entspanntes Fest? Und wie können wir unseren Konsum auch oder vielleicht sogar gerade an Weihnachten rücksichtsvoll und nachhaltig gestalten?

Vielleicht ist für dich genau dieses Weihnachtsfest ebenfalls eine Gelegenheit, um damit zu starten. Denn das Schöne ist: Du musst nicht von heute auf morgen Minimalist*in werden und nur noch unter hundert Dinge besitzen, um einen bewussten Konsum zu leben. Du musst nicht in eine einsame Hütte im Wald ziehen, um etwas Ruhe in deinen Alltag zu lassen. Du musst die Tipps, die du in diesem Buch findest, nicht alle perfekt umsetzen. Das Buch soll eine Inspiration für dich sein, um das Fest so zu gestalten, dass es dir und deiner Familie guttut und ihr nebenbei noch ein kleines bisschen die Welt rettet.

REDUCE: REDUZIEREN

Der erste Schritt ist die Reduktion. Dabei musst du gar nicht auf alles verzichten, sondern vor allem auf das Überflüssige. Frage dich, worauf es für dich in der Weihnachtszeit wirklich ankommt. Und dann reduziere unnötigen Verpackungsmüll, materielle Geschenke aus falschem Pflichtgefühl, tierische Lebensmittel und vor allem eines: Stress.

REUSE: WIEDERVERWENDEN

Auch wenn du nicht gleich (und vielleicht nie) ohne Müll leben wirst, frage dich, bevor du etwas wegwirfst, ob du es nicht wiederverwenden kannst. Alte Zeitungen werden zur Geschenkverpackung, über den ungeliebten, selbstgestrickten Schal der Tante freut sich vielleicht ein*e Obdachlose*r.

RECYCLE: RECYCELN

Wenn du Müll produzierst, achte auf die richtige Entsorgung. Richtige Mülltrennung schont wertvolle Ressourcen, denn auch wenn wir mittlerweile Maschinen zur Müllsortierung haben, kann grob vorsortierter Müll schneller und besser verarbeitet werden.

SCHENKEN

ÖKOLOGISCH SCHENKEN

Sich für die Liebsten passende Geschenke überlegen, sie aussuchen und liebevoll verpacken soll in erster Linie Spaß machen und dich auf keinen Fall unter Druck setzen. Vielleicht braucht es dieses Jahr wirklich nur eine Kleinigkeit für jeden, und sicher lassen ökologische Geschenke die Augen deiner Lieben noch heller leuchten.

Um die Weihnachtszeit zu entzerren, kannst du das ganze Jahr über beobachten, womit du deinen Freunden, Familienmitgliedern und Co. eine Freude machen kannst. Das muss auch gar nichts Materielles sein. Mach ein Foto und speichere es in einem bestimmten Ordner ab, setze dir ein Lesezeichen im Browser oder schreibe eine Geschenkliste, dann vermeidest du es, im letzten Moment noch in Hektik nach dem erstbesten Geschenkset in der Drogerie zu greifen. Auch Menschen ohne spezielle Wünsche haben Hobbys und Interessen, lieben Filme oder gehen gern auf Konzerte.

BUY LOCAL

Wir sind es gewohnt, sämtliche Güter auf einen Mausklick zur Verfügung zu haben. Der Online-Handel bietet eine riesige Vielfalt. Vergleicht man den CO_2-Ausstoß eines Produkts, das im Laden oder online gekauft wurde, schneidet das lokal gekaufte Produkt tatsächlich etwas schlechter ab. Das liegt unter anderem daran, dass Ladengeschäfte im Gegensatz zu Lagern geheizt werden müssen und Strom verbrauchen. Dieser Vergleich hängt aber auch stark davon ab, ob man mit dem Auto einkaufen fährt oder mit dem Fahrrad beziehungsweise zu Fuß geht. Zudem erfährt die positive Umweltbilanz von Online-Käufen durch die immer weiter steigende Zahl an Rücksendungen einen starken Einbruch. So müssen viele Güter gleich zweimal denselben Weg zurücklegen, was den CO_2-Ausstoß durch den Transport gleich verdoppelt. Daher gilt es in erster Linie Rücksendungen zu vermeiden, was natürlich am besten funktioniert, indem man gleich im Laden um die Ecke einkauft. Dabei kann man von der persönlichen Beratung profitieren, sich die Produkte genau ansehen, sie anprobieren und sie dadurch im besten Fall auch noch mehr wertschätzen. Lokale Geschäfte schaffen außerdem Arbeitsplätze vor Ort und erhalten eine lebendige Nachbarschaft. Es wäre doch schade, wenn kleine Buchläden, Bastelgeschäfte, Spielzeuggeschäfte oder Concept Stores schließen müssten, weil niemand mehr hingeht.

Schlendere daher mit offenen Augen durch deinen Bezirk. Auf **nebenan.de** kannst du dir auch kleine inhabergeführte Geschäfte empfehlen lassen.

TIPP

Wenn du etwas lokal nicht findest, schau online erst einmal nach einem kleinen Label, das du unterstützen möchtest. Auf **Etsy.com** findest du z. B. viele kleine Handmade Shops.

ginal Unverpack
ou
Original
Unverpackt
BioBackHaus.

NACHHALTIGE GESCHENKIDEEN

Damit künftige Generationen weiterhin genügend Ressourcen zur Verfügung haben, ist rücksichtsvoller Konsum enorm wichtig. Eine Reduzierung auf das, was wir wirklich brauchen, wäre gewiss am nachhaltigsten. Das bedeutet aber nicht, dass wir gar nichts mehr schenken können. Hier sind einige schöne und nachhaltige Geschenkideen.

ZERO-WASTE-GRUNDAUSSTATTUNG

Wenn du zu Weihnachten eine Zero-Waste-Grundausstattung verschenkst, trägst du dazu bei, dass auch die Menschen in deinem Umfeld etwas ökologischer leben. Achte beim Kauf darauf, dass die Boxen, To-go-Becher und Co. fair und nachhaltig produziert wurden. Diese sind meist teurer als konventionelle, weil alle Beteiligten in der Lieferkette fair bezahlt werden und die Materialien hochwertiger sind. Die Produkte sind aber auch langlebiger und müssen seltener ausgetauscht werden.

Es ist natürlich nicht sinnvoll, sämtliche Plastikprodukte aus dem Haushalt wegzuwerfen, um sie mit „nachhaltigeren" Produkten zu ersetzen. Überlege also vorher, was die Person, die du beschenken möchtest, wirklich gebrauchen kann. Dein Kollege kommt jeden Morgen mit einem Coffee To go ins Büro? Wie wäre es mit einem Mehrwegbecher? Becher aus Bambus enthalten leider einen Kunststoffkleber, der sich bei hohen Temperaturen löst. Gute Alternativen sind Becher aus Edelstahl, Glas oder recyceltem Kaffeesatz. Es gibt sogar faltbare Becher (allerdings aus Plastik), die wirklich in jede Tasche passen.

MÖGLICHE ZERO-WASTE-PRODUKTE ZUM VERSCHENKEN

- Edelstahl-Trinkflasche oder Thermobecher
- Mehrweg-Coffee-to-go-Becher
- Edelstahl-Brotdose
- wiederverwendbare Strohhalme aus Glas, Edelstahl oder Bambus
- Besteckset aus Bambus für unterwegs
- ein Buch über Zero Waste (z. B. „Ohne Wenn und Abfall" von Milena Glimbowski)
- Baumwoll-Gemüsenetze und kleine Baumwollbeutel für den unverpackten Einkauf
- Last-Minute-Geschenk: Gutschein für den Unverpackt-Laden in der Nähe

TIPP

Der Online-Shop **Mit Ecken und Kanten** (mit Lagerverkauf in Nürnberg) verkauft ökologische Produkte mit kleinen Fehlern. Dort bekommst du vieles günstiger.

DINGE ZUM AUFBRAUCHEN

Verschenke etwas, das (möglichst müllfrei) aufgebraucht werden kann. Genussmittel, die sich die Beschenkten vielleicht selbst nicht gegönnt hätten, hochwertige Naturkosmetik (es gibt einige Firmen mit eigenem Pfandsystem, z. B. **Fair Squared, Jungglück, Kjaer Weis** oder **Baims,** Backmischungen im Glas oder wie wäre es mit einer Abobox von **Etepetete** mit „krummem" Gemüse?

PFLANZEN

Schnittblumen aus konventionellem Anbau sind oft stark pestizidbelastet und werden u.a. in Ostafrika und Lateinamerika unter schlechten Arbeitsbedingungen und mit hohen Gesundheitsrisiken angebaut. Darüber hinaus kommt es durch den Anbau zu Wasserknappheit. Die nachhaltigste Wahl für Schnittblumen wären natürlich regionale Blumen. Wer aber gern zu Weihnachten einen Strauß verschenken will, sollte auf das Bio- und Fairtrade-Siegel achten.

Oder wie wäre es mit einem Ableger einer eigenen Pflanze im schön bemalten Tontopf? Zimmerpflanzen aus eigenem Anbau sind garantiert nachhaltig und ein schönes Geschenk für alle Pflanzenfreunde.

SELBST GEMACHTE GESCHENKE

Selbstgemachtes kommt von Herzen und zeigt, dass sich jemand Gedanken gemacht hat. Überlege dir aber, ob die Person dein Geschenk wirklich wertschätzen wird. Auch wenn es den Überraschungseffekt nimmt: Frag vorher nach, dann vermeidest du, dass dein mit Liebe hergestelltes Geschenk als Staubfänger endet. Auf Seite 18 findest du beispielsweise eine Anleitung für eine himmlisch duftende Tannenduftkerze.

KINDER NACHHALTIG BESCHENKEN

Kinder dürfen und sollen ihren eigenen Geschmack und eigene Wünsche haben. Dabei ist es wichtig, mit ihnen über achtsamen Konsum zu sprechen und nachhaltige Wege aufzuzeigen. Weihnachten könnte ein guter Zeitpunkt sein, damit anzufangen.

SCHREIBT GEMEINSAM EINEN WUNSCHZETTEL

Ändern sich die Wünsche deines Kindes auch jeden Tag? Was gestern noch spannend war, ist heute schon wieder vergessen. Manchmal verwechseln wir Erwachsene auch die Wünsche unserer Kinder mit Bedürfnissen. Dein Kind mag sich ein neues Spielzeug wünschen – hat aber vielleicht eigentlich ein Bedürfnis danach, mehr Zeit mit dem Elternteil zu verbringen. Oder es braucht mehr Selbstbestimmung darüber, was im Kinderzimmer steht. Manchmal steht auch das Bedürfnis nach Gruppenzugehörigkeit im Vordergrund, welches du durchaus hinterfragen, aber auch ernst nehmen solltest. Beobachte dein Kind genau und versuche, sein Bedürfnis zu erkennen. Nutze die Gelegenheit, um mit deinem Kind darüber zu reden, und erzähle vielleicht, wie Weihnachten für dich war, als du ein Kind warst. Gab es viele Geschenke? Hast du dir mal sehnlichst etwas gewünscht, das dann einen Tag nach Weihnachten schon kaputt war? Akzeptiere aber auch, dass dein Kind seine eigenen Erfahrungen machen muss.

Wenn dein Kind sich immer wieder etwas Neues wünscht, schreibe mit ihm zusammen eine Wunschliste. Entdeckt es unterwegs etwas, das es unbedingt haben möchte, macht ein Foto davon und schreibt es zu Hause auf die Liste. So fühlt sich dein Kind ernst genommen, lernt aber auch, dass nicht jeder Wunsch sofort erfüllt werden muss. Die Liste könnt ihr regelmäßig durchgehen und streichen, was nicht mehr so wichtig ist.

Lass dein Kind einen Herzenswunsch mit Farbe markieren. Überlegt gemeinsam, wie viele verschiedene Verwendungsmöglichkeiten das Spielzeug hat und wie lange es wohl halten wird. Vielleicht gibt es auch eine nachhaltigere Alternative?

MANCHE ELTERN SCHENKEN NACH DEM FOLGENDEN SCHEMA:

1. Etwas Sinnvolles, das das Kind braucht

2. Etwas Schönes, das sich das Kind wünscht

3. Etwas, das das Kind interessieren könnte, worauf es aber vielleicht nicht von selbst gekommen wäre

KAUFE AUS ZWEITER HAND

Jeden Tag begegnet uns zuckersüße Kleidung und wunderschönes, ökologisches, pädagogisch wertvolles Spielzeug. Mutterlachen und große Babyaugen werben gleich mit, und schon ist das nächste Teil in den Warenkorb gehopst. Nachhaltigkeit ist in aller Munde, aber an der Umsetzung hapert es manchmal. Was mache ich denn, wenn es für das Kind unbedingt das Fast-Fashion-Teil mit Kinderfilm-Merchandise-Aufdruck sein muss, für dessen Herstellung womöglich Kinderarbeit nicht ausgeschlossen wurde? Kann ich meine Ideale über die Wünsche der Kinder stellen? Ich glaube, was Kinder wirklich brauchen, ist Selbstbestimmung. Sie wollen entscheiden, was für Kleidung sie tragen. Aber sie kennen noch nicht die Tragweite ihrer Entscheidungen. Und so suchen wir nach einem Weg, der für uns alle passt.

Gerade Kinderkleidung und Spielzeug kann man z.B. hervorragend second hand kaufen. Wenn sich dein Kind etwas Spezielles wünscht, gib doch einfach mal ein Stichwort in der Suchzeile einer Online-Plattform ein oder durchstöbert gemeinsam einen Flohmarkt. Dort findet ihr wahre Schätze, die bei euch im Kinderzimmer eine zweite Chance bekommen.

Wenn du etwas nicht in akzeptablem Zustand in second hand findest, versuche, kleine lokale Läden in deiner Umgebung zu unterstützen.

SPIELZEUGROTATION

Immer mit demselben Spielzeug spielen ist langweilig? Vielleicht hilft es euch, Spielzeug zu rotieren. Ein Teil wird sicher verpackt im Keller gelagert und ist plötzlich wieder neu und spannend, wenn es wieder hervorkommt. Jüngere Geschwister freuen sich vielleicht genauso über ein Spielzeug der älteren – und die haben schon wieder vergessen, dass es einmal ihnen gehörte. Wenn regelmäßig „neues" Spielzeug im Kinderzimmer ist, äußern die Kinder vielleicht auch gar nicht so viele neue Wünsche.

Eine andere Möglichkeit ist es, Spielzeug einer ähnlichen Kategorie (Kapla, Magnetbausteine, Lego, Matador-Baukästen, Bioblos ...) innerhalb einer Spielzeugtauschgruppe zu rotieren. Auch dann gibt es zu Weihnachten große Augen, und nicht jede Familie muss alles selbst anschaffen.

NACHHALTIGE GESCHENKE FÜR KINDER

- Setze auf **lang haltende, umweltschonende Materialien** wie Holz und Stoff. Auch Kuscheltiere gibt es „in nachhaltig" (z. B. von *Senger Naturwelt*).
- Schenke **Bewegungsspielzeug**. Die meisten Kinder haben Lauf- oder Fahrräder und Roller, aber für Tage mit richtig schlechtem Wetter ist es sinnvoll, Bewegungsspielzeug für drinnen zu haben. Für die Wohnung gibt es beispielsweise Klettergerüste, Kletterbögen oder -dreiecke oder Balancierbretter.
- Setze auf **Upcycling:** Im Internet gibt es unzählige Anleitungen für „Sockentiere". Diese sind schnell und einfach herzustellen und können ein neuer Freund fürs Leben sein.
- Schenke etwas **zum Selber basteln,** z. B. ein Nähset für ein Kissen oder Kuscheltier.
- Schenke eine **nachhaltige Grundausstattung** für Kindergarten oder Schule: z. B.. Edelstahl-Trinkflasche, Edelstahl-Brotdose oder wieder verwendbare Silikon-Quetschiebeutel
- Schenke **Zeit.** Plätzchen backen oder Bruchschokolade herstellen, zusammen Ketten basteln, ein Kinobesuch oder ein Programmier-Workshop können schöne Geschenke sein, die Kindern Spaß machen.

- Schenke etwas für **Familienaktionen,** z. B. ein kooperatives Gesellschaftsspiel (oder eine Mitgliedschaft in einer Ludothek, wo ihr regelmäßig Spiele ausleihen könnt). Es gibt viele Gesellschaftsspiele mit hochwertigen Holzteilen, das meiste findest du aber auch gut erhalten aus zweiter Hand.
- Wünscht sich dein Kind ein Haustier, du möchtest aber keins? Fragt im nächsten **Tierheim** nach, ob ihr aushelfen und mit einem Hund spazieren gehen dürft.
- Viele Kinder lieben **Stickerbücher.** Gerade für längere Reisen sind sie eine schöne Beschäftigungsmöglichkeit. Die etwas nachhaltigeren Varianten sind Bücher mit wiederverwendbaren Stickern, Wisch-und Weg-Bücher oder Magnetbücher.
- Schenke eine **Bastelkiste.** Dazu kannst du buntes (Recycling-)Papier, schöne Stifte und unterschiedliche Materialien zusammenstellen. Sammle (vielleicht zusammen mit deinem Kind) Blüten oder Baumfrüchte, die zum Basteln verwendet werden können. Es gibt übrigens mittlerweile sogar plastikfreien Bio-Glitzer.
- Manchmal muss man ein Geschenk gar nicht kaufen. Bei *bauduu* könnt ihr **Legosets mieten**.
- Auch Spielkonsolen und Videospiele kann man **gebraucht oder generalüberholt** (z. B. bei *Rebuy, Refurbed* oder *asgoodasnew)* kaufen.

TIPP

Diese Online-Shops haben tolle nachhaltige Kindergeschenke:

- Kyddo Shop
- Hug and Grow (hat auch ein Geschäft in Berlin)
- Tausendkind
- Echtkind
- Hans Natur
- Kleines Karussell
- Smalllable

WENN DIE VORSTELLUNGEN AUSEINANDERGEHEN

Du hast das Geschenkethema gut im Griff, die Verwandten schicken aber ständig Pakete mit billigem Plastikspielzeug und Berge an Süßigkeiten? Eigentlich habt ihr klar vorgegeben, was sich euer Kind wünscht, und trotzdem gibt es noch einen Haufen Geschenke, die bei euch eigentlich unerwünscht sind?

Verständlich, dass du dich ärgerst. Versuche zu bedenken, dass es selten böser Wille ist und die Verwandten auch ein Recht auf die Mitbestimmung ihrer Beziehung zu deinen Kindern haben. Gerade die Urgroßeltern sind oft im Mangel groß geworden oder hatten selbst für ihre Kinder nicht das Geld, um größere Herzenswünsche zu erfüllen. Die Geschenkeflut ist wahrscheinlich eine Überkompensation und ihre Art der Aufarbeitung. Sie wollen ihren Enkel*innen das eigene Leid ersparen und ihnen ein schöneres Leben ermöglichen. Das bedeutet nicht, dass du die Plastikflut im Kinderzimmer ertragen musst, aber versuche, auch die Position und Gründe der Schenkenden zu verstehen.

Bitte um ein Gespräch. Erkläre deine Position und lass auch die andere Seite ruhig ihre Wünsche und Gefühle vorbringen. Auch sie sollten ernst genommen werden. Es ist allerdings letztendlich deine Familie, und ihr als Eltern solltet das letzte Wort haben, was eure Kinder angeht. Vielleicht verabredet ihr, dass blinkendes und lautes Spielzeug, das ihr nicht in der Wohnung haben möchtet, bei ihnen bleibt? Oder du zeigst ihnen Läden in der Nähe mit schönem, ökologischen Spielzeug. Alternativ könntest du auch einen oder zwei Online-Shops vorschlagen, mit deren Produkten ihr leben könnt und aus denen die Verwandten frei etwas aussuchen können. So sind sicher alle zufrieden – die Verwandten, ihr und nicht zuletzt natürlich die lieben Kleinen.

MÜLLFREI VERPACKEN

Geschenkpapier ist zwar schön, wird allerdings nach dem Auspacken meistens weggeworfen. Es gibt jedoch viele Möglichkeiten, Geschenke hübsch und gleichzeitig auch noch ökologisch zu verpacken.

STOFF

In Japan werden traditionell schon sehr lange gefaltete Tücher als Verpackung für Geschenke verwendet. Die sogenannten **Furoshiki** sind meist bunt bedruckt und mindestens genauso schön wie Papier. Lege dein Geschenk dazu in die Mitte des Tuchs. Zuerst schlägst du eine Ecke des Tuchs um das Geschenk herum, dann die gegenüberliegende Ecke. Die beiden anderen Ecken werden über dem Geschenk verknotet, um alles zusammenzuhalten – fertig!

Du kannst auch wiederverwendbare Stoffbeutel in unterschiedlichen Größen selbst nähen oder kaufen (z. B. bei **Beutelwerk**). In manchen Stoffläden kannst du außerdem günstig Stoffreste von einer Rolle kaufen, die zwar nicht ganz quadratisch sind, aber sich dennoch gut zum Verpacken eignen. Für Kinder sind Seidentücher auch eine schöne Idee, mit denen danach gespielt werden kann. Auch gefärbte Mulltücher sehen schön aus und finden danach Verwendung im Haushalt. Dein Paket kannst du noch mit einem kleinen Tannenzweig oder Ähnlichem verzieren.

GLAS

Verwende hübsche Marmeladengläser, Einmachgläser oder Cremetiegel als Geschenkverpackung weiter. Darin kannst du beispielsweise ein paar Plätzchen, deinen Lieblingstee, selbst gemachten Sirup, Pesto oder ein schönes selbst gemachtes Badesalz verpacken.

ALTPAPIER

Vielleicht hast du einen Kalender mit schönen Bildern, Zeitungspapier, altes Notenpapier oder Poster, die du nicht mehr aufhängen möchtest. Auch diese eignen sich gut als Geschenkverpackung. Du kannst auch Schachteln oder gut erhaltene Versandkartons wiederverwenden. Statt mit Tesafilm lässt sich dein Geschenk mit einer Juteschnur oder einer wiederverwendbaren Stoffschleife zusammenhalten. Du kannst aus Papier auch kleine Schachteln falten, in denen du Kleinigkeiten, wie Haarspangen oder Holzperlen, verschenken kannst.

TIPP

Zum Verzieren deines Geschenks kannst du getrocknete Orangenscheiben, Tannen- oder Ilexzweige mit roten Beeren verwenden. Schau aber zuerst, ob abgebrochene Zweige am Boden liegen, bevor du selbst einen abbrichst.

DIY

TANNENDUFTKERZE

Nadelt der Adventskranz schon? Mit Wachsresten, getrockneten Tannennadeln und einem Aromaöl kannst du sehr leicht selbst eine schöne, hochwertige Duftkerze verschenken, die das Gefühl von Weihnachten noch ein bisschen länger erhält.

DU BRAUCHST

- Wachsreste
- Topf und Schale
- Docht (aus dem Bastelgeschäft oder vom Weihnachtsmarkt)
- Zahnstocher
- leeres Einmachglas oder hübsche Porzellantasse
- getrocknete Tannennadeln
- Aromaöl (z. B.. „Weißtanne", „Zirbelkiefer" oder „Riesentanne")
- kleiner Tannenzweig

SO GEHT'S

1. Schmelze das Wachs im Wasserbad bei mittlerer Temperatur. Mit einer Gabel kannst du bei Bedarf den alten Docht herausfischen.
2. Binde den neuen Docht an einen Zahnstocher und hänge ihn mittig in dein Glas oder die Tasse.
3. Gib im Wechsel einen TL Tannennadeln und eine Schicht flüssiges Wachs in dein Glas und beträufele die Wachsschichten mit ein paar Tropfen Aromaöl. Wiederhole das, bis dein Gefäß bis oben gefüllt ist.
4. Lass das Wachs gut aushärten. Nun kannst du noch einen kleinen Tannenzweig an dein Glas binden.

Anleitung mit freundlicher Genehmigung von Daniela Gaigg von *diekleinebotin*

ÖKOLOGISCHE KNETE

Knete landet gerade bei kleinen Kindern oft noch im Mund. Umso wichtiger, dass sie ungiftig ist! Diese selbst gemachte Knete kann man wunderbar bearbeiten und sie lässt die Herzen der Kleineren garantiert höher schlagen.

ZUTATEN

- 250 ml kochendes Wasser
- 4 EL Speiseöl
- 200 g gesiebtes Mehl
- 100 g Salz
- 2 TL Zitronensäure
- ggf. Lebensmittelfarbe zum Einfärben

SO GEHT'S

1. Alle Zutaten miteinander vermischen und ordentlich kneten, bis keine Stückchen mehr zu fühlen sind.
2. In gleich große Bällchen teilen und Lebensmittelfarbe einkneten.

HINWEIS

Im verschlossenen Glas im Kühlschrank aufbewahrt, hält sich die Knete etwa 6 Monate (auf das MHD des Öls achten und gegebenenfalls Geruchstest machen).

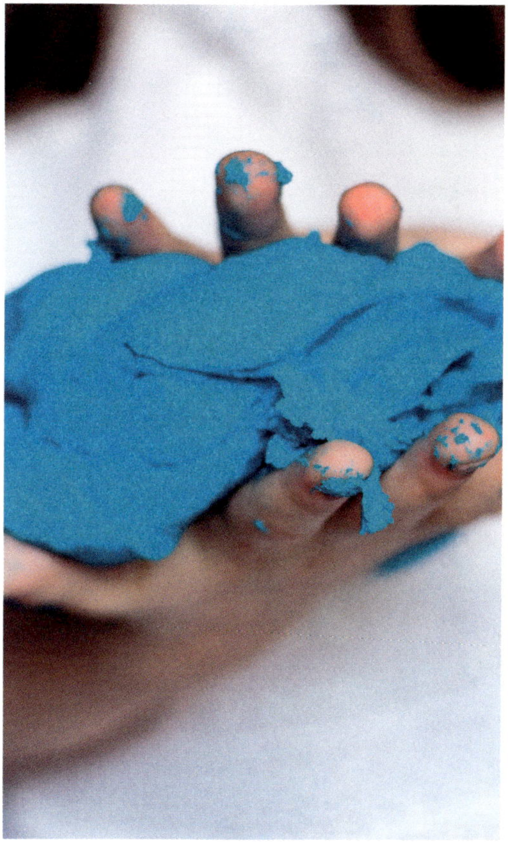

Rezept mit freundlicher Genehmigung von Sabrina Herrmann von *Wunschkind Herzkind Nervkind*

DIY

SCHÖNER SCHENKEN

Nichts stimmt mich mehr aufs Weihnachtsfest ein als die Stunden davor, wenn ich mir die Zeit nehme, die Geschenke zu verpacken. Solche Minikränze aus Birkenzweigen und Wachsblumen haben als Akzent eine große Wirkung und passen besonders gut zu recycelten Geschenkverpackungen.

DU BRAUCHST

MATERIAL

- papierummantelter Bindedraht, dünn
- Schere
- Seitenschneider

PFLANZEN

- Birkenzweige, etwa 3 Stück
- Wachsblume, rosa und rot, 1–2 Stiele

HINWEIS

Wachsblumen sind beliebte Winterblumen, und es macht Spaß, mit ihnen zu arbeiten, da ihre Blätter bei Berührung ein intensives Zitrusaroma verströmen.

SO GEHT'S

1. Die biegsamen Birkenzweige lassen sich problemlos zu Kränzen formen. Beim Trocknen schließen sich zwar die Blüten der Wachsblumen, sie behalten aber ihre Farbe und sind immer noch hübsch anzusehen. Ansonsten brauchst du nur Papierbindedraht, Seitenschneider und Schere.
2. Für die Kranzbasis biegst du einen dünnen Birkenzweig in Kreisform und fixierst den Scheitelpunkt mit zwei, drei Umwicklungen des Bindedrahts. Anschließend den Draht abschneiden.
3. Wickele die losen Zweigenden nun mehrmals um die bereits vorhandene Kreisform. Wenn sie nicht von alleine halten, kannst du sie nochmals an einer weiteren Stelle mit Draht fixieren.
4. Wenn du genügend Basis-Kränzchen gebunden hast, schneide von der reich verzweigten Wachsblume einzelne Triebspitzen ab.
5. Praktischerweise bindest du die Wachsblume genau an die Bindestelle des Basiskranzes und verdeckst damit den Bindedraht.
6. Nachdem du die Wachsblume mit zwei, drei Drahtumdrehungen festgebunden hast, drehst du das Kränzchen um, schneidest den Draht ab und führst das Drahtende zur Fixierung durch die letzte Schlaufe.
7. Fertig! Wenn dich die abstehenden Birkenästchen stören, schneide sie einfach ab.

1

5

2

6

3

7

4

SCHMÜCKEN

O TANNENBAUM

PROBLEMATIK

Ein Großteil der Tannenbäume, die an den Straßenecken oder auf Weihnachtsmärkten verkauft werden, stammt aus Monokulturen, teilweise aus dem Ausland. Nur noch 15 % der Weihnachtsbäume kommen laut der Umweltorganisation **Robin Wood** noch aus dem Wald.

Die meisten Bäume sind außerdem stark pestizidbelastet. 2017 fand der BUND sogar in 75 % aller Weihnachtsbäume Pestizide, von denen eines sogar verboten war. Das schadet nicht nur unserer Umwelt, sondern auch unserer Gesundheit.

Es gibt aber nachhaltigere Alternativen. Bio-Tannenbäume sind meistens auch nicht teurer als konventionelle. Wer nicht auf einen Weihnachtsbaum verzichten möchte, könnte zum Ausgleich zum Beispiel beim **Bergwaldprojekt** einen Baum spenden. So wird der gekaufte Baum direkt durch eine Neupflanzung ausgeglichen.

Plastiktannenbäume haben erst nach sechs Jahren einen niedrigeren ökologischen Fußabdruck als der Baum aus dem Wald. Auch die Entsorgung ist meist problematisch. Einen geerbten Baum zu verwenden ist sicherlich eine gute Idee, einen neuen Plastikbaum zu besorgen ergibt aus ökologischer Sicht wenig Sinn.

REGIONALER WEIHNACHTSBAUM

Die beliebtesten Bäume sind Nordmanntannen, die allerdings ursprünglich gar nicht in Deutschland wachsen. Etwa 90 % der in Deutschland verkauften Weihnachtsbäume kommt auch von hier, etwa 3 Millionen Nordmanntannen haben allerdings längere Transportwege hinter sich, die auch mehr CO_2-Ausstoß bedeuten. Entscheide dich lieber für eine Kiefer, Fichte oder Tanne aus regionalem Anbau.

Die meisten Weihnachtsbäume wachsen heute in Plantagen, in denen nur eine Baumart großgezogen wird. Solche Monokulturen schränken die Artenvielfalt ein und sind sehr anfällig für Schädlingsbefall, da die meist baumspezifischen Schädlinge sich innerhalb derselben Art rasend schnell ausbreiten können. Deshalb werden Monokulturen stark gespritzt, was negative Auswirkungen für den Boden hat.

Es ist aber auch möglich, Weihnachtsbäume direkt aus dem nächsten Forst zu bekommen. Hier sind die Lieferwege kürzer, und die Bäume sind nicht pestizidbelastet. Teilweise darf man sie dort auch selbst abschlagen. Sprich dafür mit dem Forstamt oder dem Förster. Frage am besten speziell nach einem Baum, der ohnehin hätte gefällt werden müssen.

Eine Liste der regionalen Weihnachtsbaumanbieter findest du über die Karte von **proplanta.de,** bei **Robin Wood** oder dem **BUND.**

NACHHALTIGER WEIHNACHTSBAUM

Bio-Bäume wachsen in Mischkulturen und sind dadurch weniger anfällig für Schädlingsbefall. Die Pflanzen zwischen den Bäumen werden von Schafen klein gehalten statt mit Pestiziden. Dadurch, dass nicht gespritzt wird, überleben auch solche Insekten, die die Schädlinge fressen, und es kommt seltener zum Totalausfall einer Anbaufläche. Kurz gesagt: Bio-Bäume wachsen in einem ökologischen Gleichgewicht. Achte beim Kauf auf eine entsprechende ökologische Zertifizierung von **Naturland, FSC, Bio, Biokreis, Demeter** oder **Bioland.**

Naturland

Die Bedingungen für das **Naturland-Siegel** wurden zusammen mit der Umweltorganisation Robin Wood, Greenpeace und dem BUND entwickelt. Dieses Siegel schließt als wichtige Kriterien Kahlschlag, Pestizide, Düngungen und Entwässerungsmaßnahmen aus. In die natürliche Entwicklung der Bäume wird so wenig wie möglich eingegriffen. Alle Naturland-Waldbetriebe tragen zusätzlich das internationale Zertfikat des FSC®.

® FSC

Das internationale **FSC®-Gütezeichen** (Zertifikat des Forest Stewardship Council®) steht für eine Waldnutzung, die umweltgerecht, sozial verträglich und wirtschaftlich tragfähig ist. FSC® berücksichtigt neben den ökologischen Aspekten auch die soziale und ökonomische Verträglichkeit der Produkte. Obwohl es kein reines Öko-Siegel ist, wird es weltweit von den meisten Umweltorganisationen als Mindeststandard einer verantwortbaren Forstwirtschaft akzeptiert.

FAIRER WEIHNACHTSBAUM

Das Saatgut für die Bäume kommt meistens aus Georgien. Zapfenpflücken ist eine gefährliche Arbeit, weil die Zapfen in 30–40m Höhe gepflückt werden müssen, in der Regel ohne Schulung, ohne Ausrüstung. Auch eine Versicherung haben die wenigsten Zapfenpflücker abgeschlossen. Viele Unfälle passieren auch deswegen, weil die Zapfenpflücker oft ohne Sicherheitsausrüstung in die Bäume steigen, um Zeit zu sparen und einen höheren Verdienst zu erlangen. Die **Fair Trees®- Stiftung** organisiert seit 2007 Klettertrainings und Erste-Hilfe-Kurse, stellt sichere Kletterausrüstung zur Verfügung, zahlt einen fairen Lohn und sorgt für eine Unfallversicherung. Zudem engagiert sich die Fair Trees®-Stiftung in die soziale und wirtschaftliche Entwicklungsarbeit im georgischen Erntegebiet, das zu den ärmsten Gebieten Europas zählt.

Fair Trees®
ein Fair Trade-Weihnachtsbaum

Faire Tannenbäume erkennt man am Fair-Trees®-Logo. Sie sind unter anderem in **toom**-Baumärkten erhältlich. Für jeden verkauften Tannenbaum wird ein neuer Baum aus zertifizierten ökologischen Samen nachgepflanzt. So werden irgendwann alle Fair Trees- zertifizierten Bäume auch Bio sein. Auf der Webseite **fairtrees.de** gibt es eine Übersicht über die Händler.

BAUM MIETEN

Einen Baum zu mieten klingt erst mal nach einer besonders nachhaltigen Möglichkeit. Leider leben die meisten Bäume im Topf, die in Discountern oder Baumärkten angeboten werden, nach Weihnachten nicht weiter. Die Wurzeln sind oft zu stark beschädigt, und die Bäume sind sehr wärmeempfindlich. Die Weihnachtsbäume kommen oft trotzdem aus Monokulturen und können gespritzt sein. Achte also auch hier auf das Öko-Siegel. Frage in Baumschulen oder Förstereien nach einem Baum oder suche im Internet nach einem lokalen Anbieter für gemietete Weihnachtsbäume.

BERLIN

Auf **weihnachtsbaum-mitte.de** gibt es Tannen im Topf, krumme Bäumchen kosten weniger.

HAMBURG

Hier bietet **rent-a-plant** Bäume zum Mieten an.

MÜNCHEN UND WIEN

Auf **greentree.at** kannst du einen Weihnachtsbaum im Topf mieten.

DEUTSCHLANDWEIT

weihnachtsbaumfreunde.de versendet Tannen im Topf und holt sie in größeren Städten an Sammelstellen wieder ab.

BAUM PFLEGEN

Damit dein Baum im Topf überlebt, sollte er sich langsam an wärmere Temperaturen gewöhnen. Stelle ihn also am besten erst auf den Balkon und hole ihn nur für den Weihnachtsabend ins Zimmer, so weit weg wie möglich von der Heizung. Gieße ihn etwa jeden zweiten Tag und sprühe die Nadeln mehrmals täglich mit Wasser ein.

EINEN BAUM IM GARTEN ODER WALD SCHMÜCKEN

Wenn du einen Garten hast, kannst du deinen Baum aus dem Topf auch dort einpflanzen und in den kommenden Jahren direkt draußen schmücken. Vielleicht darfst du auch einen Baum im Wald schmücken und bei einer kleinen Wanderung dort die kurz vorher platzierten Geschenke abholen, um sie dann auf Schlitten oder im Bollerwagen nach Hause zu transportieren und dort auszupacken. Für Kinder ist das sicher ein ganz besonderes Weihnachtserlebnis.

DEN TANNENBAUM WEITERVERWENDEN

Ein paar Tage nach dem Fest liegen viele Weihnachtsbäume schon wieder lieblos auf der Straße. Wertschätzender gegenüber diesem Stück Natur, das dir das Fest verschönert hat, ist es, Teile des Baums wiederzuverwenden (siehe Tannenduftkerze S. 18). Du kannst die Zweige zum Beispiel nutzen, um Balkonpflanzen vor dem Frost zu schützen. Einen getrockneten Baum kannst du auch als Feuerholz verwenden. Aus den Nadeln des ungespritzten Bio-Baums kannst du Tee kochen, der sehr Vitamin-C-haltig ist und dir in der Erkältungszeit guttut. Du kannst daraus auch ein wohltuend duftendes Tannenöl machen, indem du die Nadeln mit Sonnenblumenöl übergießt. Nach etwa einem Monat ist das Öl gut durchgezogen. Auch Badezusatz oder Hustensirup lassen sich aus den Tannennadeln herstellen.

Ungespritzte Bäume ohne Kunstschnee oder Lametta kannst du an einen Tierpark spenden. Die Tiere können die Nadeln und Rinde abknabbern und dann mit dem Baum spielen. Wenn du den Baum entsorgen möchtest, schaue im Abfallkalender nach dem Termin, an dem die Müllabfuhr die Bäume einsammelt. Bäume – auch Bio-Bäume – im Wald zu entsorgen, ist verboten.

WEIHNACHTSBAUM SELBST BAUEN

Vielleicht kennst du aus deiner Kindheit die Geschichte von Petterson und Findus, die sich ihren Weihnachtsbaum selbst gebaut haben. Auch das könnte eine Möglichkeit für dich sein. Dabei werden in eine Mittelstange rundum mehrere Löcher gebohrt, in die Stäbe oder Tannenzweige gesteckt werden. Oder du bohrst in unterschiedlich große Stöcke oder Bretter in der Mitte ein Loch und befestigst sie übereinander auf einem Stab. Holzgestelle gibt es mittlerweile auch schon zu kaufen.

Du kannst auch aus einem großen Karton einen Baum ausschneiden und runde Löcher hineinschneiden, in die du Christbaumkugeln hängst. Oder du hängst nach oben kleiner werdende Äste mit Fäden aneinander und hängst sie an der Wand auf. Auf Pinterest findest du viele weitere Ideen.

TIPP

Es muss nicht immer ein Weihnachtsbaum sein. Vielleicht reichen dir ein paar Tannenzweige in der Vase, oder du schmückst eine Zimmerpflanze?

KERZEN

Kerzen auf dem Adventskranz, Kerzen auf dem Küchentisch, Kerzen am Weihnachtsbaum – Kerzen sind aus dem Weihnachtsfest nicht wegzudenken und schaffen eine wunderbar gemütliche Atmosphäre. Konventionelle Kerzen sind leider nicht besonders nachhaltig, es gibt aber schöne Alternativen.

PROBLEMATIK

Herkömmliche Kerzen bestehen meistens aus Paraffin, das aus Erdöl hergestellt wird, oder aus Stearin (meistens aus Palmöl). Beides ist problematisch für die Umwelt. Erdöl ist nicht biologisch abbaubar, eine endliche Ressource und sowohl der Abbau als auch mögliche Unfälle bringen große Klimaprobleme. Für Palmöl werden in Indonesien und Malaysia riesige Flächen brandgerodet, die Heimat für Orang-Utans und Sumatratiger sind. Die Plantagen laugen die Böden aus. Auch für Bio-Palmöl müssen Flächen gerodet werden, und die Kriterien für nachhaltiges Palmöl sind vor allem durch Lobbyarbeit nicht so streng, wie man es vermuten und sich wünschen würde.

KERZEN AUS BIOMASSE

Eine ökologischere (allerdings auch meist teurere) Alternative sind Kerzen aus Biomasse. Hier werden Ölreste verwendet, die in der Nahrungsmittelindustrie als Abfall anfallen. Auch diese Kerzen verbrennen völlig geruchslos. Kerzen aus Sojawachs sind eine weitere Alternative, achte aber darauf, dass das Soja aus Europa kommt. Für Soja aus Südamerika werden riesige Flächen Regenwald gerodet. Sojawachskerzen brennen langsamer ab als die aus Paraffin, sie sind also auch länger haltbar. Es gibt auch Kerzen aus Rapsöl, was ebenfalls eine gute Alternative ist, da Raps regional angebaut wird.

BIENENWACHSKERZEN

Bienenwachskerzen geben einen wunderbaren Duft von sich. Für ein Kilo Bienenwachs braucht es allerdings 1,2 Millionen Wachsplättchen, das entspricht der Jahresproduktion eines gesamten Bienenvolks von 150.000 Bienen. Wenn du gern Bienenwachskerzen anzündest, überlege vielleicht, ob eine einzelne Kerze auch reicht. Das meiste Bienenwachs in Drogerien und Supermärkten kommt aus Südafrika, China oder Südamerika und hat durch die langen Wege eine schlechte CO_2-Bilanz. Kaufe die Kerzen also lieber von einer regionalen Imkerei, in der auf nachhaltige Wirtschaft und artgerechtere Bienenhaltung geachtet wird.

TIPP

Wähle bei Teelichtern solche ohne kleinen Aluminiumtopf, also lieber lose Kerzen, die du in wiederverwendbare Behälter aus Glas oder Edelstahl stellst.

WACHS-RECYCLING

Wachsreste kannst du einschmelzen und mit einem Docht zu neuen Kerzen gießen. Leichter geht das mit einem sogenannten „Wachsfresser", einer Kerze mit dauerhaft haltbarem Docht, in den nur neues Wachs gefüllt werden muss. Du kannst auch in einer Kirche nach Wachsresten fragen, manche Kirchen gießen aber auch selbst neue Kerzen aus den Resten.

SCHWIMMLICHTER

Auch Schwimmlichter können sehr schön aussehen und sind sehr lange verwendbar. Dabei werden Wasser und etwas Sonnenblumen- oder Rapsöl in ein Gefäß gefüllt und das Schwimmlicht daraufgesetzt. Ist das Öl aufgebraucht, gelangt das Wasser an die Kerze und sie wird automatisch gelöscht. Schwimmlichter gibt es manchmal auf Wochenmärkten, in Deko-Geschäften und online. Eine Öllampe kannst du auch problemlos mit Pflanzen- statt dem üblicherweise aus Erdöl hergestellten Lampenöl betreiben. Pflanzenöl verbrennt geruchslos und ohne Ruß.

LICHTERKETTEN

Lichterketten, die mehrere Jahre lang verwendet werden oder gleich gebraucht gekauft werden, können auch ein schönes warmes Licht abgeben. LEDs verbrauchen weniger Strom als Glühbirnen. Eine Lichterkette mit Stecker ist ökologischer als eine batteriebetriebene, denn auch Akkus müssen irgendwann entsorgt werden und sie enthalten Schadstoffe. Solltest du trotzdem Batterien verwenden wollen, achte auf die richtige Entsorgung. Du kannst sie in Supermärkten und Drogerien in einen Sammelbehälter zum Recyceln abgeben. Es gibt auch solarbetriebene Lichterketten. Diese sind neben dem Stromeinsparungspotenzial auch sehr praktisch für draußen, falls an dem Wunschort keine Steckdose vorhanden sein sollte.

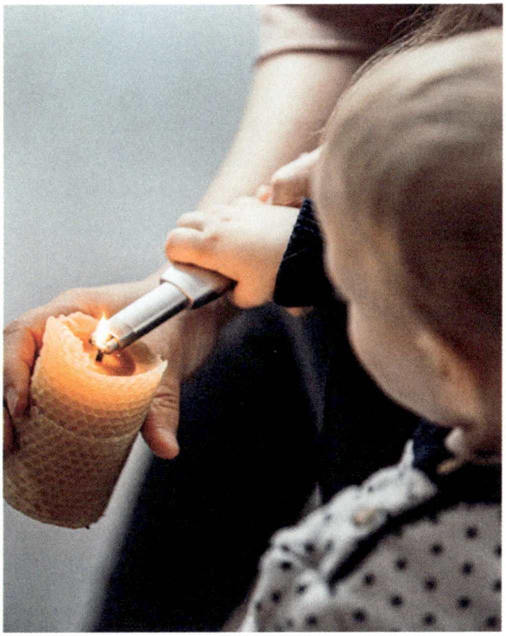

DIY

BUCH-STERNE

Für dieses einfache Upcycling-Projekt eignen sich nicht nur ausgediente Bücher und Zeitungen, auch bunte Seiten aus Hochglanz-Magazinen kannst du dafür verwenden. Die Sterne sind superschnell fertig, du kannst also auch gleich mehrere basteln.

DU BRAUCHST

- alte Buchseiten
- Lineal
- Cutter
- Schnur

SO GEHT'S

1. 8 Teile à 10 x 5 cm aus alten Buchseiten schneiden und über die Längsseite nach oben falten. Die oberen, offenen Ecken jeweils beide nach unten knicken. Anschließend alle 8 Teile in der Mitte zusammenfalten.

2. Stecke nun die jeweilige Spitze eines Teils in die zuvor entstandenen kleinen Taschen eines zweiten Teils, bis sich der Kreis schließt.

3. Zum Schluss in eine Zacke ein Loch stanzen und eine Schnur zum Aufhängen durchfädeln. Zu kleinen Paketen geschnürt, kann man die Sterne auch als hübsche Adventsaufmerksamkeit verschenken. Eine gute Alternative zu Plätzchen.

DIY

EISLATERNEN FÜR DRAUSSEN

Diese Eislaternen sind zu 100 % nachhaltig und eine ganz besondere Deko für den Balkon, den Eingangsbereich vor der Haustür oder als originelle Lichtquellen für ein gemütliches Glühweintrinken mit den Nachbarn.

DU BRAUCHST

- 2 verschieden große Plastikschalen
- Grünzeug (Tannennadeln, Beeren o.Ä.)
- Klebeband

SO GEHT'S

1. Stelle die zwei verschieden großen Plastikschalen ineinander und fülle die Größere mit deinen gesammelten Naturmaterialien und Wasser.
2. Beschwere die kleinere Schale oder fixiere sie mit Klebeband.
3. Dann einfach über Nacht ins Eisfach stellen.

HINWEIS

Natürlich hat man bei unseren milden Wintern nicht allzu lange etwas von den Eislaternen, aber einen Abend lang halten sie gewiss auch bei Temperaturen über null durch!

DIY

ENGEL AUS PAPIER

Diese wunderhübschen Engel sind einfach gebastelt und versprühen eine Portion Leichtigkeit in der Weihnachtszeit. Davon kann man schließlich nie genug bekommen.

DU BRAUCHST

- 2 Buchseiten, ca. Din A 5
- Golddraht
- Schere
- Holzperle (2 cm Ø)
- Golddraht
- Stifte
- Kleber

SO GEHT'S

1. Falte die Buchseiten wie eine Ziehharmonika. Je schmaler du faltest, desto filigraner wirkt der Engel.

2. Biege von der gefalteten Harmonika rund 3 cm nach unten, das werden die Flügel.

3. Miss für das Kleid weitere 4–5 cm vom Falz weg.

4. Wenn du zwei Stück davon hast, klebe die beiden gefalteten Teile aneinander. Sobald sie getrocknet sind, binde ein Stück Golddraht unter dem „Flügelfalz" hindurch nach hinten und biege ihn nach oben.

5. Fädle die Holzperle auf und male dem Engel ein hübsches Gesicht.

6. Zum Schluss klebe noch die Flügel seitlich am Kleid fest und ziehe die Falten vorsichtig auseinander.

Anleitung mit freundlicher Genehmigung von Daniela Gaigg von *diekleinebotin*

DIY

SCHNEEFLOCKEN-DEKO

Klorollen hat jeder zu Hause. Bevor sie direkt in den Müll wandern, lässt sich mit ihnen tolle Weihnachtsdeko basteln, wie z.B.. diese raffinierten Schneeflocken.

DU BRAUCHST

- Papprolle (Toilettenpapierrolle oder Küchenrolle)
- Lineal
- Cutter
- Pinsel
- weiße Deko-Acrylfarbe
- Kleber
- Band

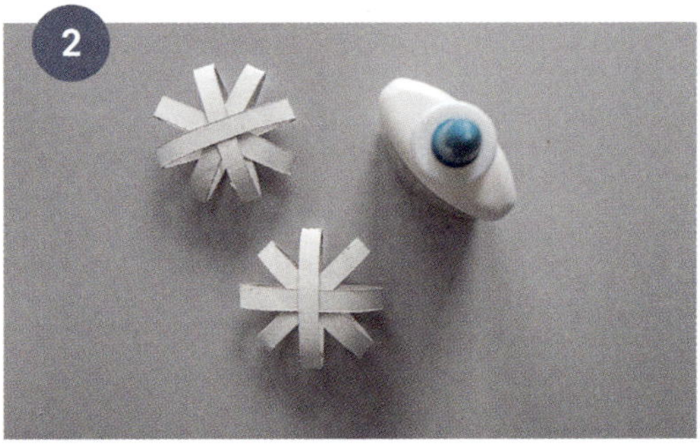

SO GEHT'S

1. Von einer Papprolle 4 schmale Streifen mit einer Breite von ca. 8 mm abschneiden. Anschließend alle Ringe weiß anpinseln und gut trocknen lassen.

2. Nun die Ringe versetzt übereinanderschieben und mit Kleber fixieren.

3. Zum Schluss noch ein Band zum Aufhängen anbringen. Nun kann der kleine Stern als Weihnachtsbaumschmuck oder zum Verzieren von Geschenken verwendet werden. Am besten gleich mehrere basteln.

TIPP

Bastelt man ganz viele Sterne, kann man daraus einen Weihnachtsbaum für die Wand machen. Er sieht aus, als wäre er schneebedeckt. Außerdem nadelt er nicht und lässt sich gut verstauen.

DIY

TÜRKRANZ

Mit Naturmaterialien lassen sich wunderschöne Kränze binden. Vielleicht findest du bei einem Spaziergang oder im Garten das passende Material. Wenn du nicht genau die Pflanzen aus der Anleitung findest, kannst du auch andere verwenden.

DU BRAUCHST

MATERIAL

- Gartenschere
- Juteschnur
- Weinranken für die Kranzbasis
- papierummantelter Bindedraht, dünn
- Seitenschneider

PFLANZEN

- Eukalyptus, großblättrig, 1 Stiel
- Hortensienblüte, getrocknet
- Kiefernzweig, 1 Stück
- Olive, 1 Zweig
- Pfefferbeere, 1 Zweig
- Tillandsie, 1 Handvoll

SO GEHT'S

1. Fertige zunächst die Kranzbasis aus Weinranken an. Binde dafür die zwei Zweige mit dem Papierbindedraht zusammen. Den Draht fest verdrillen und anschließend mit dem Seitenschneider abzwicken. Jetzt formst du einen Kranz, indem du die Zweige 2 bis 3 Mal umeinanderwindest. Durch ihre Eigenspannung hält die runde Form, aber wenn nötig, kannst du sie an einer Stelle nochmals mit einem Stückchen Draht fixieren.

2. Lege nun den Olivenzweig in die Kranzrundung und drahte ihn an zwei Stellen mit dem Papierbindedraht an die Kranzbasis.

3. Den Kiefernzweig steckst du in den Basiskranz. Damit der schwere Zweig nicht nach vorne kippt, einfach oben an unauffälliger Stelle andrahten.

4. Als Nächstes wird die Hortensienblüte dazugesteckt. Auch hier gilt: Nur drahten, wenn unbedingt nötig, bei der Hortensie am besten gleich am Stielansatz. Hier heißt es, sehr behutsam zu arbeiten, damit die trockene Blume nicht zu viele Blüten verliert.

5. Auf der gegenüberliegenden Seite legst du den Eukalyptusstiel in die Biegung des Kranzes und drahtest ihn oben und unten an. Den kleineren Seitenzweig des Eukalyptus bindest du anschließend auch noch dazu, er darf ruhig etwas abstehen.

6. Unterhalb des Eukalyptus steckst du den Pfefferbeerenzweig in den Basiskranz. Diese Zweige sind vor allem im Winter als natürliches Beiwerk sehr beliebt und halten sich ewig. Aber Vorsicht: Auch sie sind sehr zerbrechlich. Deshalb ist es am besten, ihren Stiel, nur wenn nötig, im unteren Bereich zu fixieren.

7. Die Verästelungen der Tillandsie halten von ganz alleine. Es genügt daher, sie einfach einmal um die Kranzbasis zu wickeln. Hier dient sie dazu, die Stiele von Pfefferbeere und Hortensie zu verdecken.

8. Jetzt musst du nur noch die Juteschnur durch den Kranz ziehen und kannst ihn dann an deine Tür hängen oder einem lieben Menschen schenken.

1

2

3

4

5

6

7

GENIESSEN

FLEISCHLOS AN WEIHNACHTEN?

Fleisch gehört für viele zum Weihnachtsfest wie der Bart zum Nikolaus, und auch Milch und Eier sind in dieser Zeit schwer wegzudenken. Doch passt solch ein übermäßiger Konsum von tierischen Produkten wirklich zum Grundgedanken von Weihnachten? Wäre nicht das Fest der Liebe die Gelegenheit, um umzudenken?

EIN BISSCHEN MEHR VEGAN

Du musst nicht gleich komplett auf tierische Produkte verzichten. Ein bewusster Konsum dieser Lebensmittel ist schon ein wichtiger Schritt in die richtige Richtung. Nutze dieses Fest, um ein paar neue leckere Rezepte auszuprobieren. Inspiration findest du in diesem Buch. Hier ein paar Ideen, um generell etwas häufiger vegan zu essen, ohne dass es sich wie Verzicht anfühlt:

- Probiere die Rezepte aus diesem Buch aus, leihe oder kaufe dir ein **veganes Back- oder Kochbuch**, um neue Rezepte auszuprobieren.
- Suche zum Beispiel bei **Pinterest** nach Rezepten und lege Pinnwände an, um sie dir zu merken.
- Verabrede dich mit Freund*innen zum gemeinsamen veganen Backen oder Kochen. **Gemeinsam** macht es doppelt Spaß!
- Nimm dir vor, ab jetzt **einmal (oder mehrmals?) pro Woche** vegan zu kochen, und trage dir den Termin fest im Wochenplan ein.
- Verzichte auf **Zusatzstoffe** in Fertiglebensmitteln. Das ist zum einen gesünder, zum anderen sind Zusatzstoffe oft nicht tierversuchsfrei.
- Probiere dich durch **Fleischalternativen**. Diese habe ich für dich auf Seite 47 aufgelistet.

PROBLEMATIK VON MILCH UND EIERN

Wenn wir ehrlich sind, merken wir, dass es ziemlich viele Gründe dafür gibt, häufiger vegan zu essen. Die Missstände in der Massentierhaltung kennen wahrscheinlich mittlerweile alle durch entsprechende Dokumentationen und Bilder. Dabei werden Kühe jährlich künstlich befruchtet, und die Kälbchen werden ihnen direkt nach der Geburt weggenommen. Leider dürfen selbst beim strengsten Bio-Label die Kälbchen höchstens 50 Tage bei ihren Müttern bleiben. Es gibt vereinzelte Höfe, die Ammenkuhhaltung praktizieren. Dabei werden die Kälbchen dann von anderen Kühen gesäugt, weswegen sie weniger Verhaltensstörungen zeigen, wie an ihren Artgenossen zu saugen, was die von ihren Müttern getrennten Kälbchen oft tun, weil ihr natürliches Saugbedürfnis nicht befriedigt ist. Auf ganz wenigen Höfen werden die Kälbchen bei ihren Müttern gelassen, die zusätzlich noch gemolken werden, aber diese Haltung und die Ammenkuhhaltung sind absolute Ausnahmen. Der Standard sind Muttertiere, die tagelang nach ihren Kälbchen schreien.

Dass für die Produktion von Eiern auch Tiere sterben müssen, war mir lange nicht bewusst. Die bei der

Züchtung entstehenden männlichen Küken werden immer noch vergast oder geschreddert, weil sie nicht wirtschaftlich sind. Hühnerrassen, die darauf gezüchtet sind, viele Eier zu legen, setzen nämlich nicht genug Speck an. Es gibt sogenannte Bruderhahn-Zuchten, bei denen Hybridrassen gezüchtet werden. Sie legen etwas weniger Eier und setzen etwas mehr Speck an, deswegen dürfen die Hähnchen ein Jahr lang leben.

Nicht nur während der Haltung, sondern auch beim langen Transport auf beengtem Raum und bei der Schlachtung erfahren die Tiere viel Leid. Misshandlungen und Fehlbetäubungen kommen sehr häufig vor.

Natürlich haben Menschen schon immer Fleisch gegessen. Aber nichts an unserer Lebensweise ist noch besonders natürlich. Der Mensch zeichnet sich vor allem durch seine Anpassungsfähigkeit aus und durch seine Fähigkeit zu ethischer und moralischer Handlung. Die Lebensmittelvielfalt ist so groß, dass wir keine tierischen Lebensmittel brauchen, um sämtliche Nährstoffe zu bekommen.

Niemand ist perfekt, das müssen wir auch gar nicht sein. Das Wichtigste ist, dass wir uns unserer Verantwortung bewusst sind und sie nutzen. Es ist längst Zeit, dass wir den Blick über unseren eigenen Tellerrand wagen. Vielleicht möchtest du nicht von heute auf morgen Vegetarier*in oder Veganer*in werden. Aber versuche, immer mehr leckere vegane Gerichte auszuprobieren und dein Rezepte-Repertoire zu erweitern. Du wirst staunen, was es alles zu entdecken gibt!

EINIGE DER UMWELTAUSWIRKUNGEN VON TIERHALTUNG

Neben den ethischen gibt es aber auch sehr viele andere Gründe dafür, den Konsum von tierischen Lebensmitteln zu überdenken.

- Tierhaltung ist in hohem Maße für die Klimakrise mitverantwortlich. Kühe stoßen Methan aus, das vielfach klimaschädlicher ist als CO_2 und langsamer zerfällt. Indirekt entstehen Emissionen durch die Abholzung von Regenwäldern für den Futteranbau (der Anteil des Sojas, das für vegane Lebensmittel benötigt wird, macht nur einen Bruchteil aus, über 90 % des Sojas wird als Futtermittel genutzt).
- Durch die Abholzung der Regenwälder werden Lebensräume zerstört. Das und die Monokulturen der industriellen Landwirtschaft gefährden die Artenvielfalt.
- Artenvielfalt ist auch im Meer gefährdet durch jahrelange Überfischung. 80 % der Fischbestände sind überfischt.
- Für die Produktion von einem Kilo Rindfleisch werden 15.000 Liter „virtuelles Wasser " verbraucht. Das setzt sich zusammen aus dem Wasser für die Futtermittel, dem Trinkwasser für die Tiere und dem Wasser, das für die Reinigung der Ställe benötigt wird. Selbst die so oft als Klimaschädling zitierte Avocado verbraucht pro Kilo „nur" 1000 Liter Wasser (Kaffee hat übrigens einen noch höheren Wasser-Fußabdruck).
- Durch Tierhaltung kommt es zu Wasserverschmutzungen durch Gülle, Pestizide und Antibiotika. Das verschmutzte Wasser gelangt direkt ins Grundwasser. Aus den Ausscheidungen der Tiere entsteht außerdem Ammoniak, das bei Stallhaltung die Lungen der Tiere schädigen kann, zu Feinstaub und saurem Regen führt und zum Klimawandel beiträgt.
- Monokulturen und Überweidung verschlechtern die Qualität der Böden, was unsere zukünftige Ernährungssicherheit gefährden könnte, weil weniger angebaut werden kann.

DOKUMENTATIONEN ZUM THEMA MASSENTIERHALTUNG

- Dominion
- Earthlings
- Hope for all
- Before the flood
- More than honey
- Food, Inc.
- Gabel statt Skalpell

- Live and let live
- Cowspiracy
- Taste the waste
- Los Veganeros

ALTERNATIVEN ZU FLEISCH

- **Seitan** aus Weizen- oder Dinkelmehl kommt in Konsistenz und Geschmack Fleisch recht nah und ist deswegen als Ersatz sehr beliebt. Es hat sogar mehr Eiweiß und weniger Fett als Fleisch.
- **Tofu** hat roh recht wenig Geschmack und sollte kräftig gewürzt werden. Wer es schnell mag, kauft Räuchertofu (z. B. von Taifun, das Soja für den Tofu kommt aus Europa).
- **„Vleisch"** aus Lupinen hat viel Eiweiß und viele Ballaststoffe, aber wenig Fett. Lupinen haben viel Kalzium, Mineralstoffe und Ballaststoffe, sind fettarm, cholesterinfrei und glutenfrei. Sie binden beim Anbau Stickstoff, tun also dem Boden sehr gut. Bestimmte Lupineneiweiße sind allerdings allergen. Bisher gibt es noch keine konkreten Hinweise darauf, dass Lupinen das Allergierisiko erhöhen, zur Vorsicht sollten aber nicht zu viele Lupinenprodukte verwendet werden.
- **Tempeh** kommt ursprünglich aus Indonesien. Es wird aus Sojabohnen, aber auch aus Lupinen, Kichererbsen oder Nüssen hergestellt, ist leicht verdaulich und seine Proteine können vom Körper gut aufgenommen werden.
- **Sellerie, Rote Bete oder Portobello-Pilze** schmecken zwar nicht wie Fleisch, können aber wegen ihrer Form gut als Schnitzel paniert und gebraten werden.
- **Beyond Meat** wird aus Erbsenprotein hergestellt und kommt in Konsistenz und Geschmack wohl noch am nächsten an ein Fleischpatty heran und verbreitet sich immer mehr. Kein Fleischersatz wird exakt wie Fleisch schmecken, aber viele sind sehr lecker und definitiv einen Versuch wert.

EIN BISSCHEN MEHR VEGAN ZUR WEIHNACHTSZEIT

Eier werden in unserer Küche sehr vielfältig verwendet. Es gibt daher nicht die eine vegane Alternative, sondern mehrere. Für den Plätzchenteig eignet sich als Bindemittel besonders gut Apfelmus (recht geschmacksneutral) oder Banane (schmeckt man heraus). Statt Eischnee kann man einen Mix aus Sprudelwasser, Mehl, Öl und Backpulver nutzen oder auch – so überraschend es klingen mag – Kichererbsenwasser mit ein bisschen Backpulver (schmeckt nicht nach Kichererbsen!). Bei manchen Rezepten kann man das Ei tatsächlich auch einfach ganz weglassen.

Viele Keksrezepte benötigen ohnehin keine Milch. Ansonsten kann aber auch Pflanzendrink verwendet werden. Mit Sojamilch klappen viele Rezepte besonders gut, man schmeckt sie ganz leicht heraus. Mittlerweile gibt es aber auch sehr viele pflanzliche Milchalternativen, bei denen man im Gebäck den Geschmack nicht von Kuhmilch unterscheiden kann, wie zum Beispiel der relativ teure, aber cremige und geschmacklich sehr gute Pflanzendrink von Harvest Moon.

VEGAN MIT KINDERN?

Auf tierische Produkte zu verzichten ist für uns Erwachsene aus medizinischer Sicht sehr gut möglich. Die Frage, ob sich eine vegane Ernährung negativ auf die Entwicklung deiner Kinder auswirkt, ist natürlich berechtigt. Dazu möchte ich dir hier einen kleinen Einblick in unseren Alltag geben.

Eine der Fragen, die mir am häufigsten gestellt wird, ist, ob denn unsere Kinder auch vegan essen. Das tun sie nicht. Wenn ich koche, gibt es bei uns vegan oder vegan mit gewünschter vegetarischer Option, beim Einkauf können die Kinder ebenfalls Wünsche äußern. Auch Fleisch und Fisch dürfen die Kinder prinzipiell essen, wenn sie danach fragen (ich kaufe allerdings keine Bratwurst am Stand mit unbekannter Herkunft des Fleisches). Wir haben sehr früh darüber gesprochen, was Fleisch ist und woher Milch und Eier kommen und warum ich es nicht esse. Das hat zu der auf eine etwas morbide Art lustigen Situation geführt, dass eins meiner Kinder quer durch den Biomarkt schrie „Ich will ein totes Tier essen!".

Wir bieten bei ihren Wünschen auch immer eine vegane Alternative an und lassen den Kindern die Wahl. Eines meiner Kinder hat eine Zeit lang immer sehr genau nachgefragt, von welchem Tier das Fleisch in der Auslage war und sich das vegane Croissant gewünscht, nach der Hälfte aber die Schwester gebeten, sie von ihrem Buttercroissant abbeißen zu lassen. Eins wollte gar kein Fleisch essen und wünschte sich im Linseneintopf Tofuwürstchen (unsere liebsten sind die von Taifun), aß aber bei der Oma sehr gern die angebotenen Wiener.

Ich habe für meine Entscheidung, mich vegan zu ernähren, 27 Jahre gebraucht. Von meinen Kindern erwarte ich nicht, diese Entwicklung in jungen Jahren schon durchlaufen zu haben.

Ich finde es aber auch nachvollziehbar, wenn auch die Kinder vegetarisch oder vegan ernährt werden. Wir als Eltern entscheiden immer über die Ernährung unserer Kinder – ob wir nun Fleisch anbieten oder nicht. Wir sind in der Verantwortung, ihnen Lebensmittel zur Verfügung zu stellen, die sämtliche Nährstoffe abdecken und das ist auf unterschiedliche Weise möglich. Ob vegan oder nicht – es gibt sicher Kinder, die sehr einseitig ernährt werden und Mangelerscheinungen haben. Allerdings geht eine vegane Ernährung von Kindern oft auch damit einher, dass sich die Eltern intensiv mit Ernährung auseinandersetzen und ganz besonders darauf achten, dass ihr Kind alle wichtigen Nährstoffe bekommt.

Die derzeitige offizielle Position der Deutschen Gesellschaft für Ernährung e.V. lautet, dass eine vollwertige vegetarische Ernährung auch für Kinder geeignet ist. Ist eine vegane Ernährung ausdrücklich gewünscht, wird eine Ernährungsberatung und eine Supplementierung des kritischen Nährstoffes Vitamin B12 empfohlen.

BERATUNG

Die Ernährungsberaterin **Johanna Dexheimer** bietet vegane Ernährungsberatung in Schwangerschaft und Stillzeit und für Familien an. Sie macht Ernährungschecks und gibt Empfehlungen zur richtigen Dosierung von Nahrungsergänzungsmitteln. Zu finden ist sie unter zarte-pflaenzchen.de und auf ihrem Instagram-Account @flusine zeigt sie ihre Ernährung und die ihrer Kinder mit Angabe der Nährstoffe. Auch wer sich nicht vegan ernährt, kann sich dort Inspiration holen.

KINDERBÜCHER ÜBER VEGANE ERNÄHRUNG

- **T-Veg: Der fürchterliche Früchte-Fresser** von Katharina Manolessou und Smriti Prasadam-Halls, Prestel Verlag (ab 3 Jahren)
- **Schweinchen Schlau** von Udo Taubitz und Katharina Rot, Echoverlag (ab 4 Jahren)
- **Warum wir keine Tiere essen** von Ruby Roth, Echo Verlag (ab 6 Jahren)
- **Vegan aus Liebe** von Ruby Roth, Echoverlag (ab ca. 7 Jahren)

WELLINGTON MIT ROTKOHL

Ich freue mich, euch dieses tolle Rezept von Anna Elisie mitgeben zu dürfen. Anna Elisie ist Food Bloggerin und kreiert sehr einfach umzusetzende, aber sehr raffinierte und unheimlich leckere vegane Rezepte. Der Süßkartoffel Wellington ist mein Lieblingsrezept. Wir haben ihn schon mehrfach (auch außerhalb der Weihnachtszeit) zubereitet.

ZUTATEN

WELLINGTON

- 300 g braune Linsen, gegart (gegarte kaufen oder selber kochen)
- 2 Zwiebeln
- Salz, Pfeffer
- 1 EL Ahornsirup
- 300 g frischer Spinat
- Muskatnuss
- 300 g braune Champignons
- 2 vegane Blätterteige von je 275 g
- 1 Eggwash (zwei Schlucke Sojadrink, 1 TL Zucker und etwas Öl zusammenrühren)

ROTKOHL

- 1 kg Rotkohl (einen unverarbeiteten Kopf)
- 1 Zwiebel
- 2 Äpfel
- 2 EL neutrales Öl (zum Braten)
- 1 EL Zucker
- 2 EL Essig
- 1 l Wasser
- 1 Lorbeerblatt
- 2 Nelken, Salz

VEGANE BRATENSAUCE

- 120 g Knollensellerie
- 100 g Zwiebeln (am besten rote)
- 150 g Möhren
- 60 g Champignons
- Olivenöl
- 4–5 kleine Lorbeerblätter
- 4 Zweige frischer Thymian
- 1 EL Zuckerrübensirup
- 2 EL Mehl
- 1 EL Tomatenmark
- 1 l Gemüsebrühe

HINWEIS

Die Füllung kann wunderbar einen Tag vorher zubereitet und im Kühlschrank aufbewahrt werden. Schmecke sie ab, bevor sie in der Teigbratenhülle verschwindet: mehr Salz, mehr Pfeffer, etwas schärfer usw.

Rezept mit freundlicher Genehmigung von Anna Elisie von *veganmom*

ZUBEREITUNG

WELLINGTON

1. Die Linsen kochen und beiseite stellen.

2. Die Zwiebeln würfeln und mit Öl, Salz, Pfeffer und 1 EL Ahornsirup goldbraun anschwitzen. Dann beiseite stellen.

3. Den Spinat waschen, große Stiele entfernen und grob hacken. Mit etwas Muskatnussabrieb kochen. Aus der Pfanne nehmen, in ein Sieb geben und vorsichtig das überflüssige Wasser ausdrücken.

4. Die Pilze klein hacken und mit Öl und etwas Salz schmoren, bis sie den Großteil ihres Wassers verloren haben.

5. Linsen, Zwiebeln, Spinat und Pilze in eine Schüssel geben und vermengen. Im Kühlschrank kalt stellen.

6. Mit einer Plätzchenform Sterne aus einem der Blätterteige ausstechen.

7. Den Ofen auf 180 °C Umluft (200 °C Ober-/Unterhitze) vorheizen. Den zweiten Blätterteig mit dem Papier auf dem Backblech ausrollen. Die erkaltete Füllmasse der Länge nach in die Mitte des Blätterteigs verteilen. Lass genug Rand stehen, um den Wellington damit zu schließen. Die langen Seiten zur Mitte klappen und dann die kurzen Seiten. Der Wellington sollte nicht zu locker werden, aber auch nicht zu eng gepackt.

8. Mithilfe des Backpapiers, auf dem der Blätterteig liegt, den Wellington einmal umdrehen, sodass die „Naht" nach unten zeigt. Den Braten mit Eggwash bestreichen, und mit den Blätterteigsternen dekorieren. Die Sterne ebenfalls mit Eggwash bestreichen.

9. Für 20–25 Minuten im Ofen backen.

ROTKOHL

1. Die äußeren Blätter des Kohlkopfes entfernen, den Kohl vierteln, den Sprunk entfernen und ihn hobeln oder fein schneiden.

2. Zwiebel und Äpfel fein schneiden.

3. Etwas Öl in einer Pfanne erhitzen und die Zwiebel und Äpfel mit etwas Zucker andünsten.

4. Den Rotkohl und den Essig dazugeben und alles mit geschlossenem Deckel für 10 Minuten schmoren.

5. Mit Wasser ablöschen und die Gewürze dazugeben. Der Rotkohl braucht jetzt weitere 45 Minuten, bis alle Zutaten schön weich sind. Eventuell zwischendurch noch einen Schluck Wasser dazugeben.

TIPP

Du kannst den Rotkohl auch am Vortag zubereiten und dann am Tag des Festessens langsam erwärmen und vielleicht mit ein paar zusätzlichen Gewürzen abschmecken.

VEGANE BRATENSOSSE

1. Das Gemüse in kleine Würfel schneiden und zusammen mit 3 EL Olivenöl, dem Lorbeer und dem Thymian in einer weiten Pfanne 15 Minuten anbraten. Immer schön in Bewegung halten.

2. Zuckerrübensirup, Mehl und Tomatenmark dazugeben und noch einige Minuten in der Pfanne bewegen.

3. Mit der Gemüsebrühe ablöschen und aufkochen.

4. Temperatur herunterregeln und 15 Minuten einkochen lassen.

5. Hat die Sauce die richtige, etwas dickere Konsistenz, den kompletten Inhalt der Pfanne durch ein Sieb laufen lassen.

HINWEIS

Die Bratensauce lässt sich auch am Vortag gut vorbereiten und luftdicht im Kühlschrank aufbewahren. Sie zieht noch etwas durch und wird noch intensiver. Am Tag, an dem sie auf den Tisch kommt, sollte sie etwas vorsichtiger erwärmt werden.

WEIHNACHTSSTERNE

Die weihnachtlichen Sternküchlein schmecken himmlisch und sehen auf der gedeckten Tafel wunderbar aus. Einfach mal ausprobieren!

ZUTATEN

KUCHEN

- 210 g Dinkelmehl, Type 630
- 1 EL Speisestärke
- 2 TL Backpulver
- 150 g Zucker
- 1 Pck. Vanillezucker
- 1 Msp. Piment
- Abrieb eine 1 Bio-Orange
- 200 ml Sprudelwasser
- 80 ml neutrales Öl (z. B. Maiskeimöl)

SAHNE

- 150 g vegane Sahne
- Zimt, Piment, Nelke
- etwas abgeriebene Orangenschale
- gehackte Haselnüsse (oder Haselnusskrokant)
- ein paar Physalis

ZUBEREITUNG

1. Backofen auf 180 °C Umluft vorheizen und eine 24er-Springform mit Backpapier auskleiden.

2. Die trockenen Zutaten gemeinsam in eine Rührschüssel sieben.

3. Die Orange heiß waschen, abtrocknen und anschließend die Schale in die Rührschüssel reiben.

4. In einem Messbecher Sprudel und Öl verquirlen und zu den trockenen Zutaten in die Schüssel geben.

5. Mit einem Teigspatel den Teil vorsichtig verrühren. Nur so viel rühren, wie unbedingt sein muss. Kleinere Klümpchen verschwinden beim Backen.

6. In der Springform verteilen und hinein in den Ofen. Nach 20 Minuten die Stäbchenprobe machen. Wenn das Stäbchen sauber bleibt, den Kuchen herausnehmen, den Sprengring entfernen und den Kuchen, am besten auf einem Gitter, komplett erkalten lassen.

7. Ist der Kuchen ausgekühlt, schneidest du ihm den Hut ab, sodass du eine ebene Fläche hast. Jetzt kannst du die gewünschte(n) Form(en) ausschneiden bzw. ausstechen. Ich habe eine recht große Schneeflocke genommen. Wie viele kleine Küchlein du aus dem Boden bekommst, hängt natürlich sehr von der Größe der Förmchen ab.

8. Die Sahne zusammen mit den Gewürzen und der Orangenschale aufschlagen. Abhängig davon, ob deine Sahne schon gesüßt ist oder nicht, nach Bedarf noch etwas Zucker hinzugeben.

9. Die Sahne in einen Spritzbeutel mit passender Tülle füllen und den Küchlein kleine Hauben aufsetzen.

10. Gehackte Haselnüsse darüberstreuen und eine Physalis als krönenden Abschluss darauf drapieren.

Rezept mit freundlicher Genehmigung von Anna Elisie von *veganmom*

SCHOKO-ORANGEN

Dies ist ein supereinfaches Rezept für Plätzchen, das wirklich komplett ohne tierische Porodukte auskommt. Auch als Deko auf dem gedeckten Festtagstisch machen sich die getrockneten Orangenscheiben gut.

ZUTATEN FÜR 30 STÜCK

- 50 g Birkenzucker
- 3 Orangen
- 100 g vegane Zartbitterkuvertüre
- 1 TL Kokosöl
- 1 EL Chiasamen
- 1 EL Kokosraspeln
- 1 EL Chiliflocken

AUSSERDEM

- Silikonbackmatte

TIPP

Anstatt der Orangen lassen sich natürlich auch andere Früchte gut trocknen. Wie wäre es zum Beispiel mit Apfelchips, die anschließend mit Zimt bestreut werden?

ZUBEREITUNG

1. Den Ofen auf 80 °C Umluft vorheizen. Den Birkenzucker mit 100 ml Wasser aufkochen, bis sich der Zucker aufgelöst hat.

2. Die Orangen mit einem Messer schälen, sodass keine weiße Haut mehr vorhanden ist. Dann jede Orange in etwa 10 sehr dünne Scheiben schneiden. Diese, falls nötig, ein wenig abtupfen und jede Scheibe kurz in den vorbereiteten Sirup tunken. Auf einer Silikonbackmatte für 1,5 Stunden im Ofen trocknen.

3. Die Kuvertüre fein hacken und über einem Wasserbad mit dem Kokosöl schmelzen. Die getrockneten Orangenscheiben abkühlen und dann jeweils zur Hälfte in die Schokolade tunken. Auf ein Backpapier legen und jeweils ein Drittel mit Chiasamen, ein Drittel mit Kokosraspeln und ein Drittel mit Chiliflocken bestreuen. Im Kühlschrank 30 Minuten aushärten lassen. Dann kühl und trocken lagern.

ZIMTSTERNE

In der Weihnachtsbäckerei dürfen Zimtsterne nicht fehlen!
Schon einmal die vegane Variante probiert?

ZUTATEN FÜR 40 STÜCK

- 200 g Birkenzucker
- 100 ml Aquafaba (Kirchererbsenflüssigkeit)
- ½ gestrichener TL Weinsteinbackpulver
- Mark von 1 Vanilleschote
- 1 ½ TL Zimt
- 350 g Mandeln, gemahlen

AUSSERDEM

- Universal-Küchenmaschine
- Rührgerät
- Teigrolle
- Sternausstecher

ZUBEREITUNG

1. Den Birkenzucker in der Küchenmaschine zu Puderzucker pulverisieren. Die Kichererbsenflüssigkeit mit dem Weinsteinbackpulver vermischen und mit dem Rührgerät aufschlagen wie Eiweiß, bis ein fester Schaum entsteht. Dann in vier Portionen den Birkenpuderzucker dazugeben. Das Resultat sollte eine zähflüssige, weiße Masse sein. 100 g in eine Tupperdose umfüllen und für die Glasur beiseitestellen.

2. Die Vanilleschote längs halbieren und das Mark auskratzen. Mit dem Zimt unter die gemahlenen Mandeln mischen.

3. Die Zuckermasse nun vorsichtig unter die Mandeln heben. Den entstandenen Teig, in Frischhaltefolie gewickelt, für mindestens 30 Minuten kalt stellen.

4. Den Ofen auf 100 °C Umluft vorheizen. Den Teig zwischen zwei Lagen Folie 7 mm dick ausrollen und mit einem Ausstecher 40 Sterne ausstechen. Diese auf ein mit Backpapier belegtes Backblech geben und mit einem Teelöffel die zuvor beiseitegestellte Glasur auf den Zimtsternen verteilen. Im Ofen auf der untersten Schiene 15 Minuten backen.

SESAMKONFEKT

Sesam, gehüllt in Kokosblüten-Karamell: Schon mal diese orientalisch anmutenden kleinen Ecken probiert? Ein veganer Genuss!

ZUTATEN FÜR 16 STÜCK

- Mark von 1 Vanilleschote
- 100 g Kokosblütenzucker
- ½ TL Zimt
- 180 g ungeschälte Sesamsamen
- 50 g vegane Zartbitterschokolade

AUSSERDEM

- Teigrolle

ZUBEREITUNG

1. Die Vanilleschote längs halbieren und das Mark auskratzen. Den Kokosblütenzucker mit 100 ml Wasser in einen größeren, unbeschichteten Topf geben, das Vanillemark und den Zimt hinzufügen und alles aufkochen lassen.

2. Sobald der Sirup kocht, die Sesamkörner untermischen. Unter konstantem Rühren den Sesam etwa 8 Minuten im Topf karamellisieren, bis sich ein klebriger Karamell gebildet hat, der die Samen zusammenhält. Vorsicht aber, dass die Masse nicht verbrennt! Wenn die gewünschte Konsistenz erreicht ist, das Sesamkonfekt sofort auf ein Backpapier geben. Mit einem zweiten Backpapier abdecken und den noch warmen Karamell 3 mm dünn ausrollen. 15 Minuten bei Zimmertemperatur erkalten lassen.

3. Anschließend das obere Backpapier vom Karamell abziehen und mit einem großen Messer 8 Quadrate aus dem Konfekt schneiden und diese jeweils halbieren, um 16 Dreiecke zu erhalten.

4. Die Zartbitterschokolade grob hacken und über einem Wasserbad schmelzen. Vom Herd nehmen und wieder etwas erkalten lassen, bis die Schokolade eine dickflüssigere Konsistenz hat. Dann mit einem Teelöffel die Schokolade in Fäden über die Sesamecken träufeln lassen. Sobald die Schokolade fest geworden ist, ist das Konfekt fertig!

PEANUT BUTTER CUBES

Peanut Butter und Schokolade sind eine wahre Gewinnerkombination und die perfekte Kleinigkeit für zwischendurch oder nach dem Weihnachtsessen.

ZUTATEN FÜR 25 STÜCK

- 170 g Peanut Butter („crunchy")
- 35 g Agavendicksaft
- Salz
- 60 g Kokosnussmehl

FÜR DIE UMMANTELUNG

- 150 g vegane Zartbitterkuvertüre
- 1 TL Kokosöl
- 25 Erdnüsse
- 1 EL Agavendicksaft

AUSSERDEM

- Teigrolle
- Pralinengabel
- 25 Pralinenförmchen

ZUBEREITUNG

1. Die Peanut Butter in einer Schüssel mit dem Agavendicksaft und 1 Prise Salz vermischen. Nach und nach das Kokosnussmehl dazugeben, bis eine Konsistenz erreicht ist, die sich gut formen lässt. Je nach Peanut-Butter-Sorte kann es sein, dass auch etwas weniger Mehl ausreichend ist.

2. Die Masse zwischen zwei Lagen Backpapier auf ein Brett geben und eckig ausrollen. Die Erdnusspaste sollte noch etwa 2 cm hoch sein. Die Platte nun mindestens 30 Minuten einfrieren, damit sie sich nachher gut schneiden lässt und sich die Würfel nicht verformen.

3. In der Zwischenzeit die Kuvertüre für die Ummantelung grob hacken und zusammen mit dem Kokosöl über einem Wasserbad schmelzen. Die Erdnüsse in einer beschichteten Pfanne rösten, dann den Agavendicksaft hinzufügen und kurz karamellisieren. Auf ein Backpapier geben, die Nüsse im noch warmen Zustand voneinander trennen und anschließend erkalten lassen.

4. Die gefrorene Peanut-Butter-Masse in 2 x 2 cm große Quadrate schneiden. Die Würfel einzeln auf eine Pralinengabel stecken, in die flüssige Schokolade tunken, anschließend zurück auf das mit Backpapier belegte Brett geben und mit einer karamellisierten Erdnuss versehen. Die Peanut Butter Cubes im Kühlschrank aushärten lassen und abschließend in Pralinenförmchen geben. Kühl und trocken lagern.

LADDU

Das ayurvedische Kichererbsenkonfekt Laddu stammt aus Indien. Diese vegane Version wird zu DEM Geschmackserlebnis in deiner Pralinenbox!

ZUTATEN FÜR 30 STÜCK

- 160 g Kokosöl
- 200 g Kichererbsenmehl
- 1 Msp. gemahlener Kardamom
- 1 Msp. Zimt
- 1 Msp. gemahlener Ingwer
- 5 EL Agavendicksaft
- 50 g Kokosraspeln
- 50 g Sesamsamen

ZUBEREITUNG

1. Das Kokosöl in einer Pfanne schmelzen. Das Kichererbsenmehl in einem Schwung dazugeben und vermischen. Dann bei mittlerer Hitze unter ständigem Rühren mit einem Holzlöffel etwa 10 Minuten rösten. Die Masse sollte Blasen werfen und am Ende ihre Farbe leicht ändern.

2. Nach dem Rösten die Pfanne vom Herd nehmen und die Gewürze sowie den Agavendicksaft unterrühren. Das klebrige Konfekt in eine Schüssel füllen oder auf ein Backpapier geben und mindestens 1 Stunde im Kühlschrank aushärten lassen.

3. Je eine Schale mit Kokosraspeln und eine mit Sesamsamen bereitstellen. Dann aus der Kichererbsenmasse 30 haselnussgroße Kügelchen formen und diese jeweils in einer der beiden Schalen wälzen. Für eine besonders edle Präsentation die Laddus in kleine Pralinenförmchen setzen.

ERLEBEN

ACHTSAMKEIT

In der Weihnachtszeit wollen wir zur Ruhe kommen und den Moment genießen. Dazu braucht es nicht unbedingt Yogakurse, Meditationsapps oder umfangreiche Onlinekurse. Achtsamkeit bedeutet einfach, den Moment bewusst wahrzunehmen. Kostet nichts – ist aber wertvoll für dich.

SAMMELE „JOSHUA-BELL-MOMENTE"

Joshua Bell, ein weltberühmter Violinist, spielte im Januar 2008 in einer U-Bahn-Passage in Straßenkleidung mit einer Millionen Dollar teuren Stradivari ein sehr bekanntes und technisch sehr schwieriges Stück von Bach. Er stand dort zur Rushhour, insgesamt liefen mehr als 1000 Menschen an ihm vorbei. Ein paar Menschen warfen Kleingeld in seinen Hut und eilten schnell weiter. Kaum jemand blieb stehen. Die Szene war ein Sozialexperiment der *Washington Post*, die Reportage ging um die ganze Welt.

Die Szene macht betroffen. Und nachdenklich. Wärst du stehen geblieben? Hättest du dieses kostenlose Konzert eines weltberühmten Violinisten genossen, oder wärst du auch weitergerannt, um noch schnell die Bahn zu erwischen? Joshua Bell ist nicht der einzige Musiker, der schöne Musik spielt. Es lohnt sich oft, einfach mal stehen zu bleiben und zuzuhören. Genau hinzuschauen. Und selbst wenn du Straßenmusiker*innen kein Geld geben willst oder kannst - ein Lächeln und ein kurzer Augenkontakt kosten nichts.

Nutze die Adventszeit, um einen Schritt langsamer zu gehen. Versuche, solche „Joshua-Bell-Momente" zu sammeln. Vielleicht kannst du sie zu Hause aufschreiben und in ein Marmeladenglas stecken? Oder du machst – nachdem du den Moment ausgekostet hast – ein Foto und speicherst es in einem besonderen Ordner? Am 24. wirst du vielleicht nicht ganz so viel geschafft haben wie letztes Jahr – aber dein Herz wird ganz bestimmt voller sein.

MINIMALISMUS

Minimalismus bedeutet nicht, sich zu beschränken. Es bedeutet, sich auf das zu fokussieren, was für einen selbst wichtig ist. Ich glaube, dass wir uns manchmal schnell in dem Gedanken verlieren, für unsere Kinder eine perfekte Kindheit kreieren zu wollen. Da soll alles stimmen: Das Geschenk, das Kinderaugen strahlen lässt, genauso wie das ausgefeilte Fünf-Gänge-Weihnachtsmenü.

Dabei erinnern sich Kinder am Ende gar nicht unbedingt an die konkreten Geschenke, sie erinnern sich nicht daran, wie schön der Tisch gedeckt war, und auch nicht, ob oben auf dem Bücherregal Staub lag. Für sie zählt es viel mehr, dass wir beisammen waren. Dass der im Kindergarten gebastelte, etwas krumme Strohstern der Mittelpunkt der gedeckten Tafel war. Und sie erinnern sich an das Vorlesen der Weihnachtsgeschichte, gemütlich zusammengekuschelt auf dem Sofa.

Die Weihnachtszeit kann ziemlich viel Stress erzeugen, wenn wir versuchen, alles möglichst perfekt zu gestalten. Aber die Weihnachtsstimmung, die kommt viel mehr, wenn wir uns auf das konzentrieren, was uns wirklich Spaß macht und uns bereichert. Vielleicht wird in der einen Familie weniger gebastelt, dafür aber mehr gebacken. In der anderen gibt es gekaufte Kekse und eine so spannende, selbst ausgedachte Weihnachtsgeschichte, dass noch bis tief in die Nacht hinein gegrübelt wird, wie es wohl weitergehen mag. Und in der dritten gibt es zum Fest Nudeln mit Tomatensoße, weil das eben alle am liebsten essen, aber es werden sorgsam die filigransten Fensterbilder ausgeschnitten.

Wir Erwachsenen verlieren schnell das besondere Weihnachtsgefühl, den Weihnachtszauber, weil wir so oft das Gefühl haben, irgendetwas noch schaffen zu müssen. Dabei dürfen auch wir uns einfach zurücklehnen und die Zeit in Ruhe genießen. So, wie sie zu uns passt. Denn diese Entspannung, die Freude und die kleinen Heimlichtuereien sind es, die die besondere Magie des Festes ausmachen.

Also frage dich nicht, wie du „das alles" schaffen sollst. Frage dich, was du schaffen willst. Wie kannst du mit deiner Familie die Weihnachtszeit genießen?

IDEEN FÜR UNTERNEHMUNGEN IN DER WEIHNACHTSZEIT

1. Einen Weihnachtsmarkt besuchen. Mittelaltermärkte sind oft etwas ruhiger, es gibt Theatervorführungen, Musik und Feuershows und die angebotenen Produkte sind meist aus etwas nachhaltigeren Materialien als auf anderen Märkten.

2. Schlittschuhlaufen gehen.

3. Lagerfeuer in einer Feuerschale oder an ausgewiesenen Plätzen machen, Glühwein (oder warmen Traubensaft) in Thermoskannen mitnehmen.

4. Ein Spaziergang durch die Nachbarschaft, um die viele Dekoration zu bewundern.

5. Heiße Schokolade selbst machen.

6. Ein Pfefferkuchenhaus dekorieren (es gibt auch Sets dafür) oder aus Keksen kleine Häuschen bauen.

7. Einen ganzen Tag lang Weihnachtslieder hören und eine eigene Weihnachts-Playlist erstellen.

8. Das Nussknacker-Ballett anschauen.

9. Bei der Tafel aushelfen oder warme Socken für das nächste Obdachlosenheim kaufen.

10. An einem Wochenende (zusammen mit anderen Familien) Plätzchen backen – jede Familie bringt einen fertigen Teig mit.

11. Einen Wunschzettel und ein paar liebe Worte an den Weihnachtsmann/das Christkind schreiben.

12. Weihnachtsbücher aus der Bibliothek ausleihen und zu Hause im Bett vorlesen.

13. Weihnachtsdekoration basteln.

14. Eine Zeitkapsel für das letzte Jahr erstellen mit Fotos und Erinnerungen.

15. Einen Weihnachtsgottesdienst besuchen.

16. Sich über Bräuche und Feste aus unterschiedlichen Kulturen und Religionen unterhalten – vielleicht kennt ihr ja eine Familie, die Chanukka feiert?

17. Einen ganzen Tag im Schlafanzug verbringen und Weihnachtsfilme schauen.

ENTSCHLEUNIGUNG

Nimm dir Ende November Zeit, darüber nachzudenken, womit du die Weihnachtstage füllen möchtest. Was bereitet dir Freude? Du musst nicht jeden Adventssonntag backen oder jeden Weihnachtsmarkt der Stadt besuchen, wenn es dir zu viel wird. Du hast die einzigartige Möglichkeit, deine eigenen Weihnachtsrituale zu schaffen.

PLANE NICHTSTUN EIN

Auch die Tage im Advent haben nur 24 Stunden. Was gibt es Schöneres und Besinnlicheres, als es sich einfach im Kerzenschein gemütlich zu machen? Zur Ruhe zu kommen? Ruhige Weihnachtslieder zu hören, die Weihnachtsgeschichte (vor-) zu lesen und Kekse zu knabbern? Plane auch bewusst Auszeiten und Leerlauf ein. Lasse Zeit dafür, spontan den Moment genießen zu können.

ATME DURCH

Gerade die Weihnachtszeit bietet so viele schöne Momente zum Innehalten. Nutze Wartezeiten, wenn du z. B. eine Bahn verpasst hast oder dein Computer ein Back-up machen muss, um durchzuatmen. Vielleicht willst du eine kleine geführte Meditation starten (auf **7Mind, Calm** oder **Headspace** gibt es kurze Meditationen für alle Gelegenheiten). Oder du atmest einfach

nur ein paar Mal durch. Vielleicht ist Meditation nichts für dich, aber du zeichnest gern, malst gern aus, faltest Origami, häkelst oder du bekommst beim Bouldern den Kopf so richtig frei? Dann plane genau das für dich ein.

GEMEINSAM STATT ALLEIN

Plätzchen backen allein mit drei Kindern unterschiedlichen Alters kann ziemlich stressig sein. Ständig patscht jemand mit Teighändchen auf das Rezeptebuch und überall ist Mehl. Keksebacken mit zwei oder drei Familien ist dagegen eine ziemlich lustige Angelegenheit. Wer keine Lust mehr hat, geht ins Kinderzimmer zum Spielen, und mehrere Erwachsene können einen Blick darauf haben, dass die kleinen Fingerchen wegbleiben vom Rührgerät. Auch über den Weihnachtsmarkt zu schlendern, macht zusammen mit anderen meistens mehr Spaß. Die Planung ist außerdem viel leichter, weil nicht nur eine Person für alles verantwortlich ist, sondern man sich aufteilen kann.

LERNE, NEIN ZU SAGEN

Im Kindergarten hängt eine Liste aus, in die sich alle eintragen sollen mit einer Köstlichkeit fürs Nikolausbuffet. Der Adventskalender will mit 24 Kleinigkeiten gefüllt werden. Oma und Opa fragen an, was sich das Kind zu Weihnachten wünscht, ein Adventskranz will besorgt oder selbst gewunden werden, das Weihnachtsmenü geplant, die Kollegin fragt an, ob du dieses Jahr das Schrottwichteln organisieren kannst, und hattest du eigentlich zugesagt, die Hirtenumhänge fürs Krippenspiel zu nähen?

Gerade zur Weihnachtszeit fühlen wir uns schlecht, Nein zu sagen. Überlege dir, wozu du bewusst Ja sagen willst, und sage alles andere freundlich, aber bestimmt und ohne schlechtes Gewissen ab. Wenn du in einer Beziehung lebst, überlegt von vornherein gemeinsam, wer welche Aufgaben übernehmen kann. Spanne Oma und Opa ein, und auch die Kinder können je nach Alter schon einige Aufgaben übernehmen.

DIGITAL DETOX

Dein E-Mail-Postfach quillt über vor Sonderangeboten, auf Social Media sind anscheinend alle schon fertig mit den Weihnachtsvorbereitungen, und ständig blinkt dein Handybildschirm auf. Du willst nur schnell nachschauen, wer dir geschrieben hast, und plötzlich ist schon wieder eine halbe Stunde vergangen, und du fragst dich, wie das passieren konnte.

Wenn du einen Newsletter bekommst, überlege gleich, ob du ihn in Zukunft wieder erhalten möchtest, und bestelle ihn gegebenenfalls ab. Gehe deine Social-Media- Kontakte durch und entscheide, wem du wirklich folgen willst.

Vielleicht willst du an den Adventssonntagen das Handy ganz beiseitelegen? Oder du legst fest, dass du dein Handy morgens erst in die Hand nimmst, wenn du einen Tee getrunken und 15 Minuten Sport gemacht hast? Oder du deinstallierst im Dezember bestimmte Apps ganz?

Schalte bewusst alle Benachrichtigungen ab und lege ein oder zwei Zeiten fest, zu denen du E-Mails und Messengernachrichten liest und beantwortest. Nutze die „Bildschirmzeit"-Funktion deines Handys und plane bildschirmfreie Auszeiten oder Limits für bestimmte Apps. Du kannst einstellen, dass dich bestimmte Personen auch während einer Auszeit erreichen können, aber beschränke das auf deine*n Partner*in und engste Freund*innen oder Familienmitglieder.

BEWUSST ERLEBEN MIT KINDERN

Kinder sind viel mehr im Moment als wir. Während wir beim Spaziergang vielleicht insgeheim überlegen, welche Punkte auf der To-do-Liste wir noch abhaken müssen, sehen sie das Eichhörnchen, das von Baum zu Baum springt und die Kohlmeise an der Futterstation. Im Grunde können wir von unseren Kindern lernen, wie das mit der Achtsamkeit geht. Aber auch Kindern tut es gut, wenn wir bewusst kleine Auszeiten in den Alltag einplanen.

GEHE BEWUSST SPAZIEREN

Lass beim Spaziergang bewusst dein Handy und die To-do-Liste zu Hause. Beobachte dein Kind, das so fröhlich an deiner Hand läuft und dich auf die Amsel im Busch aufmerksam macht. Vielleicht wollt ihr zählen, wie vielen Tieren ihr begegnet? Oder ihr sammelt kleine Schätze, um sie zu Hause auf den Jahreszeitentisch (oder einfach auf ein kleines Tablett auf dem Küchentisch) zu legen?

HALTE INNE

Gerade sehr aktiven Kindern tut es gut, zwischendurch mal zur Ruhe zu kommen. Es gibt Traumreisen und Meditationen für Kinder. Vielleicht wollt ihr euch abends gegenseitig massieren (wer erinnert sich noch an das „Pizzabacken", bei dem der Rücken wie ein Teig durchgeknetet, dann glattgeklopft und mit kleinen Champignons belegt wird?). Und schafft ihr es, eine Kerze so vorsichtig anzupusten, dass sie möglichst lange flackert, aber nicht erlischt? Haltet einen Moment inne und überlegt, was ihr in genau diesem Augenblick spürt, hört, riecht, seht und schmeckt.

SCHREIBE EIN ADVENTSTAGEBUCH

Für Erwachsene gibt es mittlerweile viele Bücher, die dazu auffordern, in Stichpunkten vom Tag zu schreiben, aufzuzählen, wofür man dankbar ist oder was man am Tag geschafft hat. Auch für Kinder kann es bereichernd sein, ein Tagebuch zu führen - auch wenn sie noch nicht schreiben können. Überlegt am Abend gemeinsam, was das Schönste am Tag war, und schreibt oder malt es auf. Vielleicht wollt ihr auch ein paar Tannennadeln einkleben, oder ihr druckt ein Foto aus, das ihr am Tag gemacht habt. Natürlich könnt ihr auch einfach nur darüber reden, woran ihr euch besonders gut erinnert. Und vielleicht bleibt das kleine Ritual ja auch über die Weihnachtszeit hinaus erhalten?

ACHTSAM ESSEN

Versucht einmal, die Kekse besonders langsam zu essen. Vielleicht wollt ihr sie mit verbundenen Augen kosten und raten, welchen ihr gerade probiert habt?

Lasst die Kinder mitbestimmen, was am Weihnachtstag gekocht wird. Auch kleine Kinder können mit etwas Übung schon verschiedene Speisen selbst zubereiten. Und was man selbst gekocht hat, schmeckt auch meist doppelt so gut (ist allerdings leider trotzdem keine Garantie dafür, dass das Gemüse gegessen wird ...). Hebt bei der Mahlzeit noch einmal hervor, wer wobei geholfen hat, bedankt euch.

BEWUSSTER KONSUM MIT KINDERN

Gerade zu Weihnachten werden Kinder oft mit Spielzeug überschüttet. Im Adventskalender gibt es 24 Kleinigkeiten, zu Nikolaus gibt es immer größere Geschenke und zu Weihnachten schicken auch entferntere Verwandte Pakete. Hier sind ein paar Tipps, mit denen ein bewusster Konsum vielleicht etwas besser klappt.

1. Vermeide personalisierte **Werbung**. Auf *adssettings.google.com/authenticated* kannst du einsehen, wie deine Werbung personalisiert wird, und du kannst es auch abstellen. Dann wirst du immer noch Werbung sehen, sie ist aber nicht mehr an deine Suchanfragen und Googles Einschätzungen über dich angepasst. Du kannst statt Google auch Ecosia verwenden, die Suchmaschine, die für jede Suchanfrage einen Baum pflanzt.

2. Überlege, welche **Apps** du regelmäßig nutzt und ob du nicht lieber dafür zahlen willst, dafür aber keine Werbung mehr eingeblendet bekommst. Wenn deine Kinder Computerspiele spielen, investiere lieber die paar Euro, damit sie keine Werbung angezeigt bekommen.

3. Rede mit den Kindern darüber, warum an der Supermarktkasse ein Süßigkeitenregal aufgebaut ist. Kauft lieber eine große Packung und teilt sie euch selbst ein. Caspar Mierau erzählte in einer Podcastfolge von „Mit Kindern leben" davon, dass er diese Zone „**Quengelzone**" nennt. Wenn er mit seinen Kindern dort steht und sie etwas haben wollen, erinnert er sie an diesen Namen – und daran, dass sie gerade genau das tun, was die Zone bezweckt.

4. Rede mit deinen Kindern über eigene und aufgedrängte **Bedürfnisse**. Zeige ihnen, wie Werbung uns mit bestimmten Worten und Emotionen beeinflussen kann (es gibt viele Videos darüber, wie Werbung funktioniert). Du kannst nicht erwarten, dass Kinder sofort alle Werbemaschen durchblicken – viele Erwachsene tun das nicht. Es wird auch sicher vorkommen, dass sich ein Kind etwas nur deswegen wünscht, weil es „alle" haben. Auch Gruppenzugehörigkeit ist ein Bedürfnis. Das bedeutet nicht, dass all diese Wünsche unter dem Weihnachtsbaum erfüllt werden müssen, aber sieh es deinem Kind nach und findet Kompromisse. Unterstütze das Selbstwertgefühl deines Kindes. Damit legst du die besten Grundlagen für eine kritische Auseinandersetzung mit Werbung.

5. Rede (und zeige) die Unterschiede in der **Qualität** von verschiedenem Spielzeug. Sie sollten wissen, dass das Spielzeug aus der Zeitschrift vermutlich nicht lange halten wird. Lasse trotzdem zu, dass deine Kinder auch eigene Erfahrungen machen, und beschäme sie nicht („Ich hab's dir ja gesagt"/„Selbst schuld"), sondern überlegt zusammen, was hochwertigere Alternativen wären.

6. Bewusste Auseinandersetzung mit dem Spielzeug schafft **Wertschätzung**. Mistet in der Weihnachtszeit das Kinderzimmer aus und frage dein Kind bei jedem Teil „Bereitet dir das Freude?" (frei nach Marie Kondo). Versucht, kaputtes Spielzeug zu reparieren, oder überlegt gemeinsam, warum es kaputtgegangen ist. Findet einen Platz für jedes Spielzeug. Erwarte nicht, dass die Kinder sich bereitwillig von ihrem Spielzeug trennen (auch wenn sie schon lange nicht mehr damit gespielt haben). Aber je häufiger ihr das macht, desto eher kommt die Frage „Bereitet mir das Freude?" den Kindern ins Bewusstsein.

7. Wenn das Kind ein neues Spielzeug sieht, betrachtet es zusammen und redet darüber. Kinder finden überall schöne Dinge, aber das bedeutet gar nicht unbedingt gleich, dass sie sie auch haben wollen. Manchmal reicht es, wenn ihr es einfach nur zusammen anschaut. Kommt dann doch der Wunsch auf, macht gemeinsam ein Foto und schreibt es zu Hause auf die **Wunschliste**.

8. Das klappt übrigens auch für **Erwachsene**: Schreibe dir Wünsche erst einmal auf eine Liste. Überlege: Wenn du so lange ohne dieses Produkt ausgekommen bist, brauchst du es dann wirklich? Löst es ein Problem, das du hattest? Gibt es nachhaltigere Alternativen? Wenn es reduziert ist, würdest du es auch ohne Rabatt kaufen?

SOZIALES

EIN FEST FÜR ALLE

Vor lauter Weihnachtsstress laufen wir manchmal wie mit Scheuklappen durch die Welt. Dabei kosten uns ein wenig Freundlichkeit und Hilfsbereitschaft nichts außer ein bisschen Zeit. Und es erhellt doch auch das eigene Herz, anderen ein freundliches Lächeln zu schenken und auch Fremden etwas Gutes zu tun.

Selbst die kleinsten guten Taten ziehen weite Kreise. Dem Verkäufer zuzulächeln, für die Frau vor uns an der Kasse die Müslipackung, die ihr unbemerkt heruntergefallen ist, wieder aufheben, jemandem die Tür aufhalten, etwas mehr Trinkgeld geben, nicht auf dem Behindertenparkplatz parken. Das alles sollte doch selbstverständlich sein. Und doch verlieren wir so oft den Blick für andere. Gerade in der Weihnachtszeit, wenn alles doch ruhig und besinnlich sein soll, vergessen wir die Menschen um uns herum.

Was hältst du davon, diese Weihnachtszeit dazu zu nutzen, wieder eine Stufe herunterzuschalten und einfach durchzuatmen? Den Stress machen wir uns ja selbst, damit zum Fest alles funkelt und alles rundum perfekt ist. Dabei vergessen wir, dass es an Weihnachten um das Gefühl geht: um Wärme, Nächstenliebe, Freundlichkeit und Offenheit. Der Advent soll schließlich eine stille erholsame Zeit sein, in der wir das Jahr revue passieren lassen, uns zusammen über all das freuen, was uns das letzte Jahr gebracht hat, und gespannt auf das nächste blicken. Wenn wir nur aneinander vorbeihetzen auf der Suche nach dem besten Geschenk und dem schönsten Platz im übervollen Kinderkarussell, dann verpassen wir vielleicht dabei die Chance auf eine wirklich besinnliche Weihnachtszeit.

SO KANNST DU IN DER WEIHNACHTSZEIT ANDEREN EIN LÄCHELN AUF DIE LIPPEN ZAUBERN:

1. Bringe eine schöne Weihnachtspflanze oder Dekoration ins Krankenhaus. Die Pfleger*innen wissen wahrscheinlich, wer es am nötigsten braucht.
2. Frag im Café nach, ob du einen „aufgeschobenen Kaffee" für eine*n Obdachlose*n kaufen kannst.
3. Organisiere ein kleines Treffen mit deinen Nachbar*innen. Koche einen großen Topf Glühwein und lade zum gemütlichen Beisammensein ein.
4. Sammle in deiner Nachbarschaft Müll auf.
5. Spende jedes Mal, wenn du selbst Essen gehst, eine Mahlzeit (z. B. über die App ShareTheMeal).
6. Stelle eine Futterkugel für Vögel her und hänge sie auf deinem Balkon, im Garten oder im Park auf (Anleitung Seite 80).
7. Schenke Eltern, die ihr schreiendes Kind zu beruhigen versuchen, ein verständnisvolles Lächeln.
8. Setze Bücher aus und schreibe eine kleine Notiz dazu. In vielen Städten gibt es mittlerweile offene Bücherschränke für ausgelesene Bücher.
9. Schmücke eine Straßenlaterne.

SPENDEN STATT SCHENKEN

Im Jahr 2019 hat laut Statistika jeder Deutsche ab 12 Jahren im Schnitt 475 Euro für Weihnachtsgeschenke ausgegeben. Wenn jeder von uns einen Teil davon stattdessen Hilfsbedürftigen geben würde, könnten wir gemeinsam eine Menge bewirken. Und gewiss freuen sich deine Lieben auch über eine Patenschaft zu Weihnachten.

Für Hilfsorganisationen ist eine regelmäßige Fördermitgliedschaft am sinnvollsten, weil sie planbarer ist und weniger bürokratischen Aufwand bedeutet. Jede noch so kleine Spende hilft, aber Stiftung Warentest empfiehlt, Geldspenden erst ab 100 € auf verschiedene Organisationen zu splitten, da den Organisationen für jede Überweisung auch bürokratische Kosten entstehen. Je größer die Institution, desto höher sind diese Kosten. Kleinere können hingegen oft schneller und spezifischer reagieren, weil die Wege in der Verwaltung kürzer sind. Größere Institutionen haben zwar oft insgesamt mehr Mittel, sind jedoch genauso auf Spenden angewiesen. Eine Übersicht darüber, wo das Geld landet, findest du im Jahresbericht der jeweiligen Organisation. Das **DZI-Spendensiegel** zeigt, ob sie sachlich wirbt, sparsam wirtschaftet und mit prüfbaren Nachweisen zeigt, wofür die Spendengelder verwendet werden. Das SPIEGEL-Transparenzranking für Hilfsorganisationen kann dir ebenfalls eine Orientierung bieten. Wichtig ist auch, dass die Menschen vor Ort in die Entscheidung, wie das Geld am sinnvollsten eingesetzt wird, mit eingebunden werden, weil sie das mit ihrem Erfahrungsschatz am besten bewerten können.

Die Höchstbewertung im **SPIEGEL-Transparenzranking** 2017 haben folgende Organisationen erreicht:

- Unicef
- Ärzte ohne Grenzen
- Kindernothilfe
- Aktion Mensch
- MISEROR
- SOS-Kinderdörfer
- Save the children
- Oxfam

Diese Liste soll Orientierung bieten, sagt aber nichts über den Wirkungsgrad der Organisationen aus. Auch wurden nur eine Auswahl an Hilfsorganisationen überprüft, aber auch andere Organisationen wie beispielsweise Seawatch leisten immens wichtige Arbeit und liefern einen sehr ausführlichen und transparenten Jahresbericht ab.

Recherchiere auch nach kleinen Organisationen vor Ort. Du kannst dazu auf **BetterPlace** nachschauen, was es bei dir lokal gibt. Gerade bei kleinen Organisationen hat jede Spende einen großen Effekt.

SOLLTEN WIR OBDACHLOSEN GELD GEBEN?

Ich wohne in Friedrichshain in Berlin und komme täglich an mehreren Obdachlosen vorbei. Lange habe ich mich gefragt, ob wir moralisch dazu verpflichtet sind, da auszuhelfen, wo die Maschen des Systems so groß sind, dass Menschen hindurchfallen. Lange nicht alle Obdachlose sind einfach nur Systemaussteiger, die ihr Leben selbst so gewählt haben, und nicht alle Obdachlosen haben eine deutsche Staatsbürgerschaft, sodass sie ein Recht auf Hartz IV haben. Die Formulare, die dazu ausgefüllt werden müssen, sind ebenfalls nicht für alle zu bewältigen. Für die Berechtigung zu Hartz IV müssen außerdem die Auflagen des Jobcenters erfüllt werden, was auch nicht für alle psychisch möglich ist. Wer sich einmal genauer mit den Personen beschäftigt, die auf der Straße leben, und vielleicht sogar mal direkt nachfragt, erfährt oft von tragischen Geschichten und sehr viel unverschuldetem Leid.

Ich persönlich habe den Zeitungsverkäufer*innen immer gern Geld gegeben, weil ich bei ihnen den Eindruck hatte, dass sie wirklich etwas tun, um ihre Situation zu verbessern – aber irgendwie habe ich mich damit auch nicht wohl gefühlt. Ich hatte oft im Kopf, dass „die" dann doch nur Alkohol und Drogen kaufen. Aber wenn ich genauer darüber nachdenke, ist die Straße nun auch nicht der richtige Ort für einen Entzug. Aus Sucht findet sich nicht so leicht heraus, vor allem, wenn das ganze Leben perspektivlos erscheint.

Schließlich habe ich persönlich mich dazu entschieden, allen Obdachlosen etwas zu geben und nicht darüber zu urteilen, wofür sie das Geld ausgeben. Wenn ich beim Einkaufen Rückgeld bekomme, bewahre ich alle Münzen immer in der Jackentasche auf, um es weiterzugeben. Viele Obdachlose freuen sich über belegte Brote oder Kaffee, aber gerade in der Großstadt kann es sein, dass der fünfte freundlich angebotene Kaffee ausgeschlagen wird. Bitte nimm das nicht persönlich und frage lieber vorher nach, was die Person am meisten brauchen könnte. Ein Lächeln und ein freundlicher Blick tun nicht weh und sind kostenlos. Immer absichtlich übersehen zu werden, schmerzt nämlich auch.

Zusätzlich spende ich regelmäßig Geld und Materialien (Hygienematerialien wie Tampons, Binden und Wundsprays werden zum Beispiel immer gebraucht) an Obdachlosenheime. Dort werden die Obdachlosen, die diese Hilfe annehmen (können), dabei unterstützt, aus der Obdachlosigkeit zu finden.

Auch die Kältebusse können jede Unterstützung gebrauchen. Die jeweiligen Telefonnummern in der eigenen Stadt sollte jede*r im Handy eingespeichert haben.

Bitte frage vorher, ob die Person abgeholt werden möchte. In Notfällen rufe die 112.

TELEFONNUMMERN DER KÄLTEBUSSE

München 089/200045930
Berlin 0178/5235838
Hamburg 040/42828-5000
Frankfurt 069/431414
Köln 0176/24071312
Düsseldorf 01578/3505152
Dresden 0351/8036581

STATT GELD

1. Mach mit bei Aktionen wie z. B. **„Weihnachten im Schuhkarton"** und packe ein Geschenk mit Süßigkeiten, Spielzeug, einem Kuscheltier und Schulmaterialien für ein bedürftiges Kind.

2. Wenn du in einer größeren Firma arbeitest, rege eine **Geschenkaktion für ein Kinderheim** oder ein Kinderhospiz an, bei dem die Kinder ihre Wünsche auf kleine Zettel schreiben, von denen dann jede*r von euch einen erfüllt.

3. Organisiere einen **Weihnachtsbasar** oder **Weihnachtsflohmarkt** in deiner Kirche oder dem Kindergarten oder der Schule deines Kindes. Das kann eine gute Gelegenheit sein, um ungeliebtes Spielzeug auszusortieren. Der Erlös wird gespendet.

4. Nutze die Gelegenheit, um in der Wohnung auszusortieren. Was noch gut erhalten ist, kannst du an ein **Sozialkaufhaus** spenden. Spielzeug und gut erhaltene Bücher werden auch in lokalen Familienzentren oft gern angenommen.

5. Sieh nach, ob es in deiner Stadt einen **Kleiderständer** für warme Winterkleidung für Obdachlose gibt, und spende, was du in mehrfacher Ausführung hast. Du kannst auch in Obdachlosenheimen nachfragen, was gerade besonders gebraucht wird.

6. Statt einen Weihnachtsbaum zu fällen, kannst du dieses Jahr vielleicht **Bäume verschenken**. Laut einer Studie von Forschern der ETH Zürich gibt es weltweit eine Fläche von 900 Millionen Hektar Land, die aufgeforstet werden könnten. Bäume verschenken klappt beispielsweise über Organisationen wie Primaklima oder myclimate. Beim Bergwaldprojekt kann man auch selbst mit anpacken.

7. Wenn es möglich ist, gehe **Blut spenden**, lass dich bei der Deutschen Knochenmarkspende DKMS registrieren und hole dir aus der Apotheke einen Organspendeausweis. Auf diesem kann man übrigens auch genau festlegen, welche Organe im Ernstfall nicht gespendet werden sollen, und selbstverständlich auch verfügen, dass keine Organe gespendet werden sollen. Ein Organspendeausweis ist also in jedem Fall sinnvoll.

FREIWILLIGKEIT

Zeit ist wahrscheinlich unser wertvollstes Gut. Besonders die Weihnachtszeit eignet sich, um nicht nur Materielles, sondern auch Zeit zu spenden.

1. Erkundige dich, wo du Kindern **Geschichten vorlesen** kannst. In Berlin gibt es beispielsweise die Lesepaten, die von Kindertagesstätten und Schulen unterstützt werden können.

2. Informiere dich über **Obdachlosen-, Alten- oder Kinderheime** in deiner Umgebung und frage nach, wo Hilfe gebraucht wird. Auch wenn du nicht gläubig bist oder selten in die Kirche gehst, ist die Weihnachtszeit vielleicht eine gute Gelegenheit, um in deiner Kirche mit auszuhelfen.

3. Frage in den **Suppenküchen** nach, ob Hilfe benötigt wird. Gerade in der Weihnachtszeit sind helfende Hände immer gern gesehen.

DIY

FUTTERKUGEL FÜR VÖGEL

Meisenknödel bekommt man fast überall im Handel, allerdings sind diese meist in Plastiknetze eingewickelt. Darin können sich die Vögel verheddern und schwer verletzen, und es besteht die Gefahr, dass sie Teile des Plastiks fressen. Brot sollte nicht verfüttert werden (auch nicht an Enten), weil es im Magen aufquillt.

ZUTATEN FÜR 30 STÜCK

- Kokosfett
- Freiland-Körnermischung (für unterschiedliche Vogelarten)
- Sonnenblumenkerne (gern mit Schale, dann halten sich die Vögel etwas länger an der Futterstelle auf, und ihr könnt sie besser beobachten)
- Silikonformen oder Plätzchenausstecher in unterschiedlichen Formen
- kleine Ästchen für die Löcher
- Bindfaden

SO GEHT'S

1. Das Fett vorsichtig in einem Topf erhitzen.
2. Wenn das Fett flüssig ist, den Topf vom Herd nehmen und leicht auskühlen lassen.
3. Mische die Futtermischung und die Sonnenblumenkerne unter.
4. Die Masse in die Silikonformen oder Plätzchenausstecher füllen. Mit einem kleinen Ast ein Loch in die Masse stechen, um später einen Bindfaden hindurchzufädeln.
5. Die Masse im Kühlschrank weiter aushärten lassen und schließlich für die Vögel aufhängen.

HINWEIS

Der **NABU** empfiehlt, Vögel von November bis Ende Februar zu füttern.

Anleitung mit freundlicher Genehmigung von Daniela Gaigg von von *diekleinebotin*

SILVESTER-SPECIAL

LIEBER KEINE BÖLLER

Dass zu Silvester ziemlich viel bares Geld in die Luft geschleudert wird, ist wahrscheinlich den meisten bewusst. Laut Statista wurden 2019 Feuerwerkskörper im Wert von 133 Millionen Euro verbrannt. Jedes Jahr kommt es zu schweren Verletzungen und zu Bränden. Die Müllberge auf den Straßen sind nicht zu übersehen.

PROBLEMATIK

Laut Umweltbundesamt werden zu Silvester jedes Jahr um die 4.500 Tonnen Feinstaub ausgestoßen. Das sind mehr als 15 % der Menge an Feinstaub, die der gesamte Straßenverkehr im Jahr produziert. In Friedrichshain, wo ich wohne, wurden 2018 kurz nach Mitternacht Stundenwerte von um die 1000 µg/m³ gemessen und am Morgen nach der Silvesternacht 67 µg/m³ gemessen. Die Jahresmittelwerte für Feinstaub liegen zwischen 15 und 20 µg/m³, Werte über 50 µg/m³ dürfen nur an wenigen Tagen im Jahr überschritten werden. Feinstaub stellt eine sehr hohe Gesundheitsbelastung dar, nicht nur für Menschen mit chronischen Atemwegserkrankungen. Laut verschiedener Studien gibt es mehrere Zehntausend Todesfälle pro Jahr, die durch Feinstaub begünstigt werden (allerdings nicht nur dem aus der Silvesternacht). Der Lärm und die Feinstaubbelastung schaden aber nicht nur den Menschen, sondern auch Haustiere sind verängstigt, und viele Vögel sind völlig desorientiert, prallen gegen Hindernisse oder entfernen sich von ihren Winterquartieren und finden nicht mehr zurück. Feuerwerkskörper werden zu 97 % in Indien und China zu ausbeuterischen und gefährlichen Bedingungen hergestellt. Die Fabrikarbeiter*innen haben oft schwere Brandnarben und Verätzungen an den Händen, vielen fallen die Fingernägel ab. Der direkte Kontakt mit Schwarzpulver und Schwefel führt zu Asthma und ähnlichen Krankheiten. Jedes Jahr sterben bei Unfällen und Explosionen Menschen – darunter auch Kinder, die oft in den Fabriken arbeiten.

ALTERNATIVEN ZUM FEUERWERK

- Einfach **selbst keine Feuerwerkskörper** kaufen. Auch wenn das Bewusstsein in den letzten Jahren sehr viel größer geworden ist, gibt es immer noch genügend Menschen, die ein großes Feuerwerk veranstalten. Das Schauspiel kannst du trotzdem bewundern.
- Wenn es in jeder Stadt **zentrale Feuerwerke** gäbe statt vieler einzelner privater Böllereien, wäre schon viel getan. In Hannover treten in den Herrenhäuser-Gärten beispielsweise jedes Jahr renommierte Pyrotechniker zum Internationalen Feuerwerkswettbewerb an.
- Stuttgart bietet eine umweltfreundlichere Variante an: Dort gibt es auf dem Schlossplatz eine **Licht-, Laser- und Multimediashow** mit Live-Musik und Comedy. Das reduziert die Lärmbelastung und Schadstoffemissionen. Moderne Lasertechnologie verbraucht wenig Strom, und dieser kann aus regenerativen Quellen kommen. Der Eintritt zur Show ist frei.
- In Ellwangen hat der Nabu die Aktion **„Blumen statt Böller"** gestartet. Hier investierst du das Geld, das sonst in Böller fließen würde, in Blumen und bekommst so im Frühling ein zauberhaftes Feuerwerk der Farben.
- In Landau fließt das Geld für die Aktion **„Bäume statt Böller"** in den Anbau neuer Bäume, die Kohlenstoffdioxid speichern und das Klima in der Stadt verbessern.
- Das Hilfswerk „Brot für die Welt" ruft unter **„Brot statt Böller"** zum Spenden auf.
- Organisiert ihr eine **Feuershow**, bei der Künstler auftreten? Auf mittelalterlichen Weihnachtsmärkten könnt ihr nach Kontakten fragen.
- Wenn es unbedingt Feuerwerk sein soll, **sucht bewusst aus** und wählt bevorzugt solches, das an einem Platz bleibt (z. B. Vulkane) und wenig Lärm macht. Sammelt hinterher den Müll wieder ein. Beschränkt euch zeitlich auf ein paar Minuten nach Mitternacht, um die Lärmbelästigung für die Tiere gering zu halten.
- Die Beschichtung von Wunderkerzen ist meist giftig und beim Verbrennen entsteht umwelt- und gesundheitsschädlicher Stickstoff. **Fackeln oder Laternen** brennen länger und geben ein wunderschönes Licht. Wenn es Wunderkerzen sein sollen, kauft die große Variante, die drei Minuten lang brennt und beschränkt euch auf eine pro Person. Lüftet hinterher gut oder brennt sie gleich nur draußen ab.
- Schreibt sogenannte **Wunschpapiere**: Auf ein dünnes Papier wird ein Wunsch geschrieben. Wenn das Papier angezündet wird, fliegt es nach oben (nicht bei stärkerem Wind zu empfehlen).
- Wenn es Lärm sein muss, könnt ihr mit **Vuvuzelas** oder **Ratschen** (für begrenzte Zeit) der Tradition nachgehen, die „bösen Geister" zu verjagen.

DIE NACHHALTIGE SILVESTERFEIER

Viele Menschen wollen unbedingt das perfekte Fest zum Jahreswechsel erleben. In vielen Städten werden große Silvesterpartys angeboten. Besonders schön wird es oft aber einfach, wenn man mit guten Freund*innen oder der (Wahl-)Familie gemeinsam feiert. Die kleinen Silvesterbräuche können ganz einfach nachhaltiger gestaltet werden.

WACHS STATT BLEI GIESSEN

Bleigießen wurde mittlerweile verboten, weil in den Sets zu viel gesundheitsschädliches Blei enthalten war. Die Dämpfe, die beim Bleigießen entstehen, können das zentrale Nervensystem schädigen. Mindestens genauso gut funktioniert aber auch Wachsgießen. Dabei werden Wachsreste im Löffel über einer Kerze geschmolzen und dann in ein Glas Wasser mit Eiswürfeln gegossen. Je kälter das Wasser ist, desto schneller stockt das Wachs, und die Ergebnisse können genauso interpretiert werden wie beim Bleigießen. Auch hier ist natürlich eine gute Portion Fantasie und Einfallsreichtum gefragt.

GUMMIBÄRCHEN-ORAKEL

Eine lustige Alternative, um die Zukunft vorherzusagen" kann auch das Gummibärchenorakel sein. Dabei zieht man mit geschlossenen Augen fünf Gummibärchen aus der Tüte und kann dann in einem Buch oder online auf **gummibaerchen-orakel.ch** die Vorhersage nachlesen. (Vegane) Gummibärchen gibt es auch in vielen Unverpackt-Läden.

NACHHALTIGES SILVESTERMENÜ

Raclette und Fondue als beliebteste Silvesteressen eignen sich gut zur Resteverwertung. Schau im Kühlschrank nach, was ihr noch habt, bevor ihr fürs Essen einkauft. Achte beim Einkauf auf Regionalität und bevorzuge, wenn möglich, Bio-Produkte. Ziehe in Betracht, auf Fleisch zu verzichten. Wenn es welches sein soll, wähle Fleisch aus der Region von Tieren aus möglichst artgerechter Haltung.

Fondue geht auch vegan als Fett-Fondue mit Kokosfett oder Sonnenblumenöl. Ihr könnt darin Gemüse, Tofu oder Seitan frittieren. Festes Rübengemüse wie Pastinaken oder Möhren sollten vorher gegart werden. Besonders gut schmeckt es auch, wenn die Zutaten vorher einen Teigmantel bekommen. Gemüsebrühe ist eine ebenfalls vegane, kalorienreduzierte Variante.

Käse für das **Raclette** kannst du dir an vielen Käsetheken oder an den Ständen auf dem Wochenmarkt in die eigene Box geben lassen. Vegane Käsealternativen werden immer besser und sind für Vegan-Einsteiger meist eine gute Alternative. Im Handel enthalten diese Alternativen meistens viele Verdickungsmittel, Aroma- und Zusatzstoffe. Die Basis ist oft Palm- oder Kokosöl, das auch nicht unbedingt nachhaltig ist. Es gibt aber auch Hersteller, die vor allem natürliche Zutaten aus regionalem Bio-Anbau nutzen, oder du probierst das Rezept auf Seite 88 aus.

VEGANE KÄSE-ALTERNATIVEN

- **Cashewrella** verwendet hochwertige regionale oder Fairtrade-Rohstoffe aus biologischem Anbau und keine Geschmacksverstärker oder künstliche Zusatzstoffe; die Verpackung ist, sofern möglich, aus recycelten Materialien.
- **Veggi Filata** bietet veganen Blockkäse, Reibekäse oder Scheibenkäse an. Die Zutaten sind aus biologischem Anbau, natürliche vegane Aromen werden verwendet.
- Die Produkte von **bedda** sind sojafrei, palmölfrei, ohne Allergene, ohne künstliche Aromen und ohne Cholesterin. Die Ziegenkäse-Alternative ist als Brotbelag besonders lecker mit fein geschnittenen Birnen.
- Von **Soyana** gibt es sehr viele unterschiedliche Alternativprodukte, der Frischkäse wurde 2019 mit dem PETA Vegan Food Award ausgezeichnet. Er basiert auf Bio-Soja und enthält viele Omega-3-Fettsäuren.
- **Simply V** wird von vielen (auch Nicht-Veganer*innen) als Käsealternative empfohlen. Am Geschmack wurde sehr viel geforscht. Der „Reibegenuss" schmilzt vollständig und eignet sich sehr gut u. a. für Raclette, der „Streichgenuss" schmeckt leider relativ neutral, kann aber eine gute Basis für ein Sandwich sein.
- **Made with Luve** stellt Produkte auf Lupinenbasis her. Der vegane Streichkäse hat viel Eiweiß und ist geschmacklich sehr zu empfehlen, enthält aber Kokosfett.
- Bei den Produkten von **Veganz** ist seit einer Weile die Ökobilanz mit einem Sternchensystem transparent auf der Packung abgedruckt.

ALTERNATIVE TRADITIONEN

Es gibt noch viel mehr Traditionen für ein Silvestermenü. Linsen stehen beispielsweise wegen ihrer Form für Münzen und sollen Geldsegen bringen. Vielleicht gibt es dieses Jahr zu Silvester Linsensuppe? Mit Tofuwürstchen wird es noch nachhaltiger. Achtet beim Tofu auf die Herkunft, es gibt europäischen Tofu, für den keine Regenwälder gerodet werden. Oder du bittest deine Gäste, kleine Gerichte oder Fingerfood mitzubringen.

KEINE ESSENSRESTE WEGWERFEN

Bereits produzierte Lebensmittel haben Ressourcen verbraucht und CO_2-Ausstoß verursacht. Egal wie du dich ernährst, achte darauf, möglichst kein Essen wegzuwerfen. Verbrauche die Reste vom Silvestermenü in den nächsten Tagen selbst, friere sie ein, um sie später zu essen, oder gib sie deinen Gästen mit. Du kannst sie auch beim Foodsharing anbieten oder im nächsten Obdachlosenheim vorbeibringen.

VEGANER KÄSESCHMELZ

Auch Raclette geht vegan. Dieser vegane Käseschmelz kommt sehr nah an Käsegeschmack heran. Probiere es einfach einmal aus oder biete ihn deinen Gästen zusätzlich zu richtigem Käse an.

ZUTATEN

- 4 EL Margarine
- 5–6 TL Mehl
- 250 ml Pflanzendrink
- 8 EL Hefeflocken
- 1 EL Senf
- 1 Knoblauchzehe
- Salz und Pfeffer

SO GEHT'S

1. Margarine in der Pfanne schmelzen, Mehl hinzugeben und verrühren.
2. Pflanzendrink dazugeben und mit dem Schneebesen kräftig rühren.
3. Hefeflocken, Senf, eine gepresste Knoblauchzehe sowie Salz und Pfeffer dazugeben für einen käsigen Geschmack.

TIPP

Du kannst dein Raclettepfännchen aber auch einfach mit Hefeflocken bestreuen, mit purem Mandelmus (am besten mit Mandeln aus Italien statt aus Kalifornien) bestreichen oder aus Cashewkernen einen Pizzaschmelz selbst herstellen.

NACHHALTIGES TISCHGEDECK

Einmalgeschirr und Plastikgläser sind alles andere als festlich und verursachen viel unnötigen Müll. Setze lieber auf normales **Keramikgeschirr** und richtige Gläser. Wenn du nicht genug Geschirr hast, kannst du welches ausleihen oder mieten. Ein Geschirrmietservice übernimmt nicht nur den Auf- und Abbau, sondern auch den Abwasch für euch.

Stoffservietten statt der Einwegvariante sehen nicht nur edel aus, sondern werden auch sparsamer benutzt und lassen sich hinterher einfach waschen.

Bewahre **Silvesterdekoration** auf, sodass du sie jedes Jahr wieder verwenden kannst. Das spart Mühe und Geld und natürlich auch Müll.

NACHHALTIGE GETRÄNKE

Das nachhaltigste alkoholische Getränk ist ein regional gebrautes **Bier** in der Pfandflasche. Setze dabei auf Bio-Bier. Härterer Alkohol kommt im Einwegglas, das zwar sehr gut recycelt werden kann, aber das Pfandsystem verbraucht dennoch weit weniger Ressourcen.

Wenn du **Wein** anbieten möchtest, kannst du auch hier die Bio-Variante besorgen. Wein ist übrigens meistens nicht vegan. Traditionell wird er mit tierischen Klärmitteln wie Gelatine vom Schwein oder Knochen, Knorpel oder Sehnen vom Rind, mit getrockneten Fischblasen oder Hühnereiweiß geklärt und von Trübstoffen befreit. Es gibt aber auch Wein, der mit pflanzlichen Eiweißen geklärt wird. Achte hierbei auf das „vegan"- Symbol.

Besorge für **Cocktails** Strohhalme aus Glas, Edelstahl oder Bambus oder nutze einfach Makkaroni. Das wird auf jeden Fall im Gedächtnis bleiben!

Sektflaschen gibt es zunehmend mit Metall- oder Plastikverschlüssen. Kaufe lieber Flaschen, die traditionelle Korkdeckel haben und wähle eine Flasche ohne Aluminium am Verschluss. Korkeichen können geschält werden, ohne dass der Baum gleich gefällt werden muss. Geschält können die Bäume sogar noch mehr CO_2 aufnehmen, und Korkeichen nehmen fünfmal so viel CO_2 auf wie andere Bäume. Kork ist außerdem sehr gut recycelbar und kann auch zum Basteln verwendet werden, zum Beispiel für kleine Schnitzereien oder Figuren.

Wer Alkohol trinkt, braucht als Ausgleich **Wasser**. Die nachhaltigste Variante ist Leitungswasser, das in Deutschland auch so gut kontrolliert ist, dass es ohne Bedenken getrunken werden kann. Für etwas Geschmack kannst du „Infused Water" herstellen. Wähle dafür Früchte mit dünner Schale, die schon leicht matschig sind. Sie geben ihren Geschmack am besten ab.

SILVESTER ALS ERLEBNIS

Silvester muss gar kein großes Event werden. Einfach gemütlich beisammen zu sein, wird auch für wunderbare Erinnerungen sorgen. Wer gern etwas organisieren mag, findet hier nachhaltige Inspiration:

- Veranstalte ein **Krimidinner**. Dabei stellt jeder Gast eine bestimmte Person dar, und während des Essens muss ein Kriminalfall gelöst werden. Sets mit Partyplaner, Rollenbüchern, Tischkarten und geheimen Hinweisen gibt es bei den Kleinanzeigen, passende Einladungskarten gibt es meist kostenlos zum Ausdrucken, und viele Szenarien haben sogar eine eigene Musik-Playlist. Ein Event, das sicher in Erinnerung bleibt.
- Wie wäre es mit einem **Spieleabend**? Das Jahr über kommt man manchmal selten dazu, solche Abende zu organisieren, aber die lange Silvesternacht eignet sich wunderbar für Gesellschaftsspiele. Alle Gäste bringen ein Spiel mit, oder die Spiele werden in der Bibliothek oder Ludothek ausgeliehen.
- Silvester ist die ideale Gelegenheit für eine **Kleidertauschparty**. Alle Eingeladenen bringen gut erhaltene, aber ungeliebte Kleidung mit, die dann, in Kategorien geordnet, im Raum verteilt werden.
- **Selbst Musik zu machen** und zu singen, macht Spaß, verbindet und setzt Endorphine frei. Wer mag, bringt zur Feier sein Musikinstrument mit.
- Mit Kindern könnt ihr die Wartezeit vor Mitternacht ein wenig verkürzen, indem ihr kleine **Glücksbringer** bastelt. Sammelt dazu beispielsweise kleine Kieselsteine und malt sie entweder wie Marienkäfer oder einfach grün. Die grünen könnt ihr in Form von Kleeblättern auf eine Postkarte kleben.

KAKAO-BIRNEN-TORTE

Diese vegane Torte lässt sich ganz ohne Ofen herstellen und ist ein wunderbarer Nachtisch nach dem Silvester-Hauptgang.

ZUTATEN FÜR 12 STÜCK

- 100 g Mandeln
- 6 Soft-Datteln
- 25 g Kokosöl
- 2 EL ungesüßtes Kakaopulver
- 1 TL Zimt
- Salz

FÜR DIE BIRNEN-KOKOS-SCHICHT

- 300 g Kokosnussbutter (fester Teil aus ca. 2 400-ml-Dosen Kokosmilch)
- 75 g Kokosöl
- 350 g Birnenpüree (von 2–3 Birnen)
- 30 g Ahornsirup

FÜR DIE DEKO

- 50 g Mandeln
- 2 Zweige Thymian
- 20 g Ahornsirup
- ½ Birne
- ungesüßtes Kakaopulver

AUSSERDEM

- Springform, ø 18 cm
- Universal-Küchenmaschine
- Pürierstab oder Mixer

ZUBEREITUNG

1. Den Springformboden mit Backpapier auskleiden. Für den Tortenboden alle Zutaten mit 1 Prise Salz in die Küchenmaschine geben und fein zerkleinern. Die Masse in die Springform füllen und mit einem Löffel fest andrücken, sodass ein gleichmäßiger Boden entsteht. Die Form mindestens 30 Minuten kalt stellen.

2. In der Zwischenzeit die Birnen-Kokos-Schicht vorbereiten. Dafür die Kokosnussbutter aus den Dosen entnehmen und 300 g in einem Topf zusammen mit dem Kokosöl schmelzen. Die Birnen schälen, die Kerne entfernen, in Stücke schneiden und unter Zugabe der geschmolzenen Kokoscreme pürieren. Das Ganze zurück in den Topf füllen, aufkochen lassen und etwa 3 Minuten bei mittlerer Hitze köcheln lassen. Vom Herd nehmen und den Ahornsirup unterrühren. Dann die Füllung durch ein Sieb passieren, kurz abkühlen lassen und auf den erkalteten Tortenboden gießen. Den Kuchen mindestens 4 Stunden, am besten über Nacht, im Kühlschrank stocken lassen.

3. Für die Deko die Mandeln grob hacken und mit den Blättern von den Thymianzweigen vermischen. In einer beschichteten Pfanne den Ahornsirup erhitzen. Die Nüsse und Blätter darin 2 Minuten schwenken und dann auf einem Backpapier verteilen. Die Birne waschen und in schmale Streifen schneiden. Mit den Zutaten und ein wenig Kakaopulver den Kuchen nach Lust und Laune dekorieren.

NACHWORT

Ich hoffe, dass dich dieses Buch dazu inspirieren kann, es zur Weihnachtszeit etwas langsamer und achtsamer angehen zu lassen. Wie fühlst du dich jetzt? Bist du voller Tatendrang und willst sofort alles umsetzen? Oder fühlst du dich erschlagen vor lauter neuer Ideen?

Jeder Weg beginnt mit dem ersten Schritt. Deswegen blättere doch noch einmal durch das Inhaltsverzeichnis. Was springt dich jetzt, da du alles gelesen hast, an? Was möchtest du als Erstes umsetzen? Und was kannst du in den nächsten fünf Minuten dafür tun, damit es zu mehr als einem guten Vorsatz wird? Vielleicht willst du gleich etwas nachkochen? Dann schreib dir einen Einkaufszettel mit den Zutaten. Hast du Lust zu basteln? Dann plane einen kleinen Ausflug zum nächsten Bastelgeschäft und schreibe ihn dir in den Terminkalender. Oder willst du dich dazu inspirieren lassen, alles etwas ruhiger anzugehen? Dann lege dieses Buch weg, schalte dein Handy aus und atme ein paar Mal ganz tief durch. Spüre in dich hinein. Was brauchst du jetzt? Und in welche Richtung soll es ab jetzt gehen?

Wie Anne-Marie Bonneau sagte: „Wir brauchen nicht eine Handvoll Menschen, die Zero Waste perfekt umsetzen. Wir brauchen Millionen, die es unperfekt machen". Das gilt für Zero Waste, für bewusste Ernährung und insgesamt für einen achtsameren Lebensstil.

Jeder Schritt zählt und ein paar kleine, aber dauerhafte Umstellungen können einen großen Effekt haben. Ohne uns in die eigene Tasche zu lügen und durchaus auch mal mit etwas mehr Anstrengung – aber letztendlich mit dem lohnenden Ziel, die Welt als bewohnbaren Planeten für unsere Kinder zu erhalten und auch selbst wieder mehr Lebensqualität zu gewinnen.

Ich hoffe, dieses Buch hilft dir dabei.

Und nun wünsche ich dir eine frohe und besinnliche Weihnachtszeit!

ÜBER DIE AUTORIN

Anna Brachetti hat in Bremen Neurowissenschaften und kognitive Psychologie studiert, ist ausgebildete Trageberaterin und Babykursleiterin und Mutter von drei Kindern. Seit der Schwangerschaft mit ihrer ersten Tochter 2012 beschäftigt sie sich damit, wie sie ihr Familienleben mit einfachen, aber effektiven Umstellungen möglichst nachhaltig gestalten kann.

Auf Instagram schreibt und erzählt Anna unter **@langsam.achtsam.echt** auf eine undogmatische Art mit alltagstauglichen Impulsen über ihren Weg. Sie greift Themen wie Zero Waste, Fair Fashion und Veganismus auf und zeigt, wie sie diese umsetzt – oder eben auch mal nicht. Denn letztendlich kommt es nicht darauf an, sämtliche Ideale perfekt umzusetzen, sondern darauf anzufangen. Schritt für Schritt.

NOCH MEHR TOLLE BÜCHER

Einfach nachhaltig leben
Weniger Plastik für mehr Lebensqualität

ISBN 978-3-96093-492-9
18,00 € (D)/ 18,50 € (A)

Einfach nachhaltig leben – Meine grüne Bucket-List
In kleinen und großen Schritten zu mehr Nachhaltigkeit im Alltag

ISBN 978-3-96093-652-7
14,99 € (D)/ 15,50 € (A)

Veggi for future
150 Rezepte & gute Gründe, kein Fleisch zu essen

ISBN 978-3-96093-708-1
28,00 € (D)/ 28,80 € (A)

Einfach nachhaltig – verpacken, schenken, aufbewahren
Mit plastikfreien DIYs, Zero-Waste- und Re-Use-Projekten

ISBN 978-3-96093-654-1
14,99 € (D)/ 15,50 € (A)

Einfach nachhaltig nähen
Kleidung, Nützliches und Schönes

ISBN 978-3-96093-721-0
16,99 € (D)/ 17,50 € (A)

Einfach nachhaltig nähen – Babys & Kids
Kleidung, Nützliches und Schönes für Kinder nähen

ISBN 978-3-7459-0107-8
16,99 € (D)/ 17,50 € (A)

Einfach nachhaltig stricken
Kleidung, Nützliches und Schönes

ISBN 978-3-96093-589-6
17,99 € (D)/ 18,50 € (A)

Einfach. Sauber. Nachhaltig. – Natürliche Haushaltsmittel und Kosmetik selber machen
50 Rezepte ohne Chemie

ISBN 978-3-96093-819-4
14,99 € (D)/ 15,50 € (A)

IMPRESSUM

Bibliografische Information der Deutschen Bibliothek.

Die Deutsche Bibliothek verzeichnet diese Publikation in der Deutschen Nationalbibliografie.

Detaillierte bibliografische Daten sind im Internet über http://www.dnb.de/ abrufbar.

Alle in diesem Buch veröffentlichten Abbildungen sind urheberrechtlich geschützt und dürfen nur mit ausdrücklicher schriftlicher Genehmigung des Verlags gewerblich genutzt werden. Eine Vervielfältigung oder Verbreitung der Inhalte des Buchs ist untersagt und wird zivil- und strafrechtlich verfolgt. Das gilt insbesondere für Vervielfältigungen, Übersetzungen, Mikroverfilmungen und die Einspeicherung und Verarbeitung in elektronischen Systemen.

Die im Buch veröffentlichten Aussagen und Ratschläge wurden von Verfasser und Verlag sorgfältig erarbeitet und geprüft. Eine Garantie für das Gelingen kann jedoch nicht übernommen werden, ebenso ist die Haftung des Verfassers bzw. des Verlags und seiner Beauftragten für Personen-, Sach- und Vermögensschäden ausgeschlossen.

Bei der Verwendung im Unterricht ist auf dieses Buch hinzuweisen.

EIN BUCH DER EDITION MICHAEL FISCHER

1. Auflage 2020

© 2020 Edition Michael Fischer GmbH, Donnersbergstr. 7, 86859 Igling

Reihengestaltung: Luca Feigs
Cover und Satz: Bernadett Linseisen
Redaktion und Lektorat: Anne Hörr
Fotografien: Cindy u. Kay Fotografie GbR, außer: © Valentin Petkov/Unsplah (Cover vorne links), Brenda Godinez/Unsplah (Cover vorne Mitte), © EMF (Cover vorne rechts, Cover hinten oben, S. 3, 6, 21, 22, 32 – 35, 39/39, 41, 57-61, 91); © Shyntartanya/Shutterstock (Cover hinten unten, S. 16 links), © Daniela Gaigg (S. 18, 37,); © Ilina Yuliia/Shutterstock (S. 19); © Happy Hirtzel/Shutterstock; © Ricardo Reitmeyer/Shutterstock (S. 27); © Creative Nina /Shutterstock (S. 2), © Elizaveta Elesina/Shutterstock (S. 42), © Anna Elisie (Cover hinten Mitte, S. 51, 55), © Jessica Pamp/Unsplash (S. 64), © Annie Spratt/Unsplash (S. 65), © Angele Kamp/Unsplash (S. 74), © Heike Rau/Shutterstock (S. 81), © heikehu/Shutterstock (S. 84), © Jonny Caspari/Unsplash (S. 85), © BlueOrange Studio/Shutterstock (S. 86).

Blattillustrationen: © MG Drachal/Shutterstock, außer buschige Tannenzweige © Yganko/Shutterstock.

Icons S. 5: © venimo/Shutterstock.

Siegel (S. 25/26): © Forest Stewardship Council® (FSC), © Naturland – Verband für ökologischen Landbau e.V. (Naturland), © Fair Trees® (Fair Trees).

Projekte:
Ina Mielkau (S. 32/33, 34/35, 38/39), Daniela Gaigg (S. 18, 36/37, 80), Karin Heimberger-Preisler (S. 20/21, 40/41), Sabrina Herrmann (S. 19), © Edgar Castrejon (S. 45), © Anna Elisie (S. 50/51, 54/55), Allissa Poller (S. 56/57, 58/59, 60/61, 90/91).

ISBN 978-3-7459-0083-5

Gedruckt bei Polygraf Print, Čapajevova 44, 08001 Prešov, Slowakei

www.emf-verlag.de

MIX
Papier aus verantwortungsvollen Quellen
FSC® C145070